Buddhismus für den Alltag

Mit entspannter Aufmerksamkeit durch den Tag

Irmentraud Schlaffer

Buddhismus für den Alltag

Mit entspannter Aufmerksamkeit durch den Tag

Theseus Verlag

Theseus im Internet: www.Theseus-Verlag.de
Wir senden Ihnen gern unseren Gesamtprospekt zu.

Bibliografische Information Der Deutschen Bibliothek
Die Deutsche Bibliothek verzeichnet diese Publikation in der Deutschen Nationalbibliografie; detaillierte bibliografische Daten sind im Internet über http://dnb.ddb.de abrufbar.

Originalausgabe
Lektorat: Vera Baschlakow

Postfach 80 06 69, 70506 Stuttgart

Umschlaggestaltung: Morian & Bayer-Eynck, Coesfeld, www.mbedesign.de
unter Verwendung eines Titelbildes: © Hildegard Morian
Gestaltung und Satz: Grafikbüro Schadenberg, Berlin
Druck: Clausen & Bosse, Leck
Printed in Germany

ISBN 978-3-7831-9517-0

Gedruckt auf alterungsbeständigem Papier mit chlorfrei gebleichtem Zellstoff

Inhalt

TEIL 1 Einführung

TEIL 2 Übungen für den Alltag

Vorwort

von Rigdzin Shikpo

Als die Lehre des Buddha in den Westen kam, gab es anfangs sehr wenige authentische buddhistische Lehrerinnen und Lehrer, und es waren nicht viele verlässliche Bücher über Buddhismus erhältlich.

Im Laufe der nachfolgenden Jahre hat sich diese Situation beträchtlich verändert, so dass man heutzutage vielen Lehrenden aus allen Traditionen begegnen kann und eine Vielzahl von Büchern zum Studium zur Verfügung steht. Da gibt es Bücher, die eine rein geisteswissenschaftliche, technische Beschreibung der Natur der Realität bieten, und solche über Meditation, die zwar weniger technisch sind, sich aber an diejenigen wenden, die sich ganz der buddhistischen Praxis widmen, und schließlich gibt es noch allgemeine Bücher für Nicht-Buddhisten.

Diese Fülle ist allerdings für potentielle Schülerinnen und Schüler des Buddhismus nicht unbedingt ein Vorteil. Wie kann man zwischen guten und schlechten Lehrenden, zwischen guten und schlechten Büchern unterscheiden?

Die Antwort kann in beiden Fällen lauten, dass man sich allmählich einen Schatz an Wissen und Erfahrung aufbauen muss, damit man, basierend auf dem eigenen Verstehen, selbst zu Schlussfolgerungen kommen kann.

Es ist von wesentlicher Bedeutung, zunächst Schritt für Schritt zu üben und zu lernen, die aus der Meditation hervorkommenden Ideen und Einsichten organisch in sich aufzunehmen. Dabei geht es um Ideen und Einsichten, die einer im westlichen Umfeld aufgewachsenen Person anfangs seltsam erscheinen mögen.

Irmentraud Schlaffer hat ein Buch geschrieben, das diesen natürlichen Prozess des Übens außerordentlich fördert. Sie ist selbst eine wirkliche Praktizierende mit einem echten Verständnis des Buddhismus, und ihr Mitempfinden für diejenigen, die der Lehre des Buddha zum ersten Mal begegnen, kommt in ihrer Feinfühligkeit für deren Schwierigkeiten deutlich zum Ausdruck.

Diejenigen, die dem von ihr entworfenen Programm folgen, werden für sich selbst die Wahrheit und den Wert des Buddhismus entdecken. Sie werden nicht blind den Anweisungen von Lehren folgen oder dadurch verwirrt werden, dass sie sich inmitten eines Meeres von technischen Fachbegriffen wiederfinden.

Ich kann dieses Buch als eine Einführung in die Lehren und die Praxis des Buddhismus wirklich sehr empfehlen und wünsche dieser ganz besonderen Darstellung des buddhistischen Übungsweges großen Erfolg.

Rigdzin Shikpo, Oxford im Mai 2003

Teil 1

Einführung

Mein Anliegen

Viele Menschen beschäftigen sich heutzutage mit fernöstlichen Entspannungstechniken, weil sie auf der Suche nach körperlichem Wohlergehen und größerer innerer Zufriedenheit sind. Meditation und Wiedergeburt sind gängige Gesprächsthemen, was ein wachsendes Interesse auch am Buddhismus widerspiegelt. Für viele Menschen stellt sich aber die Frage, ob die Lehre des Buddha für Angehörige der westlichen Welt überhaupt geeignet ist, ob sie nicht eine ganz andere Kultur und Denkweise voraussetzt, um sie praktizieren zu können. Ist es möglich, sie im alltäglichen Leben, hier und jetzt, in Beziehungen und Beruf umzusetzen, oder verlangt sie, den eigenen Glauben und die eigene Lebensweise aufzugeben und sich einem buddhistischen Orden anzuschließen? Könnte die Lehre des Buddha prinzipiell ein Weg für jede und jeden sein, ein bewussteres, zufriedeneres und erfüllteres Leben zu führen?

Das vorliegende Buch möchte darauf eine Antwort geben. Es zeigt, dass sich die Lehre des Buddha mit den grundsätzlichen Fragen der Existenz befasst, die alle Menschen betreffen, gleichgültig in welcher Kultur sie aufgewachsen sind und wie sie leben. Es ist keine unzulässige Vereinfachung zu behaupten, dass der buddhistische Ansatz bodenständig ist und den Menschen unmittelbar anspricht. Daher ist er durch alle Zeiten hindurch aktuell, ohne dass er seinen essentiellen Kern verändert hat. Die Lehre des Buddha setzt die Selbstverantwortung eines jeden Menschen voraus, was bedeutet, dass jede und jeder die Lehre sich selbst aneignen und eine eigene Anwendungsmöglichkeit für ihr oder sein Leben finden muss. Die Lehre des Buddha ist nicht dogmatisch: Sie möchte nur den Weg zu einem Leben weisen, das geprägt ist von Weisheit und Mitgefühl. Wenn das Ihr Ziel ist, ist

Ihr persönlicher Zugang gefordert, und dieses Buch möchte Ihnen dabei helfen, dass Sie ihn finden.

Im ersten Teil werden leicht nachvollziehbar einige der grundlegenden Aspekte der Lehre des Buddha erklärt. Darüber hinaus möchte dieses Buch Ihnen zeigen, wie Sie diese Wahrheiten in Ihrem eigenen Alltag entdecken und anwenden können. Es richtet sich deshalb vor allem an Menschen, die ihrem täglichen Leben einen größeren Sinn geben möchten. Eine Fülle von praktischen Beispielen und Anregungen soll dabei helfen. Es wird gezeigt, dass der Buddhismus keine weltabgewandte Lehre für Eingeweihte ist, sondern von jedem Menschen jederzeit praktiziert werden kann.

Viele am Buddhismus interessierte Menschen glauben, dass es nur zwei Wege gibt, sich mit ihm vertraut zu machen: durch eine theoretische Auseinandersetzung mit entsprechenden Büchern oder durch die Teilnahme an Meditationskursen. Diese Annäherungen sind grundsätzlich richtig, aber nicht für jeden Menschen geeignet. Möglicherweise wirkt das riesige Angebot an Literatur erdrückend und entmutigend, weil man nicht weiß, wo man mit der Lektüre beginnen soll. Andere Interessierte scheuen sich vielleicht, ein Meditationszentrum oder ein Seminar zu besuchen, um sich einem Kurs anzuschließen. Auch hier gibt es eine Fülle von Angeboten, was allerdings die Orientierung schwer machen kann. Wieder andere befürchten, dass sie sich als Anfänger ohne große Praxis sofort für eine Schule oder eine bestimmte Richtung entscheiden müssen, ohne genau zu wissen, auf was sie sich einlassen.

Dieses Buch bietet einen dritten Weg an: Es gibt zu Beginn eine Einführung in die buddhistische Lehre, ohne in der Theorie stecken zu bleiben. Im zweiten Teil werden Anleitungen gegeben, den buddhistischen Ansatz für sich selbst gedanklich zu vertiefen und für den eigenen Alltag fruchtbar zu machen.

Aufbauend auf der theoretischen Essenz des ersten Teils können Sie die Lehre des Buddha in ihren praktischen Aspekten kennen lernen und in Ihrem Leben praktizieren.

Das Buch versteht sich also als eine Einführung in den Buddhismus und gleichzeitig als ein praktischer, einfach zu handhabender Leitfaden für Ihren Alltag. Es möchte aber auch Menschen ansprechen, die bereits nach buddhistischen Methoden meditieren. Für diese kann es eine Hilfe und Unterstützung sein, um in der Meditation gewonnene Einsichten konkret anzuwenden und nutzbar zu machen. Viele der Anleitungen und Übungen fördern den bewussten Umgang mit sich selbst, mit Empfindungen und Gedanken. Diese Schulung von Aufmerksamkeit kann auch dazu verhelfen, Alltagsstress besser zu bewältigen.

Die buddhistische Lehre, so heißt es in einem traditionellen Sprichwort, ist am Anfang, in der Mitte und am Ende gleichermaßen gut. Ich wünsche mir, dass sich die Lektüre des Buches in diesem Sinne auf Sie auswirkt.

Die Lehre des Buddha

Wer war Buddha, und was hat er gelehrt? Ist seine Lehre, der Buddhismus, eine Religion oder kann man sie eher als eine Art Philosophie oder psychologische Richtung bezeichnen? Muss man an bestimmte Dinge glauben, um dieser Lehre folgen zu können? Kann der Buddhismus für uns Menschen im Westen neue Erkenntnisse bringen? Gibt sie spirituell Suchenden neue Antworten? Warum übt sie eine so große Faszination auf viele Menschen aus?

Anstatt von »Buddhismus« sollte man lieber von der »Lehre des Buddha« reden. Denn es handelt sich hier weder um ein Glaubenssystem noch um einen Katalog religiöser Vorschriften. Buddha heißt wörtlich der oder die »Erwachte« oder der oder die »Erleuchtete« und bezeichnet einen Zustand, den alle Wesen erlangen können. Wie dies zu erreichen ist, zeigt die Lehre auf.

Der historische Buddha

Wer den Begriff »Buddha« hört, denkt meist an den historischen Buddha, also an eine konkrete Person. Er wird Buddha Shakyamuni genannt, »der Weise aus dem Stamm der Shakya«. Dieser Stamm lebte vor etwa 2500 Jahren in einer Gegend, die heute zum nördlichen Indien gehört. Der damalige König dort, der wohl eher eine Art Landesfürst war, hatte einen Sohn, der Siddhartha hieß. Bei seiner Geburt sollen wundersame Ereignisse geschehen sein. Ein Weiser erkannte die besonderen Gaben des Jungen. Er prophezeite, dass Siddhartha entweder ein bedeutender König oder ein großer spiritueller Führer werden würde.

Siddharthas Vater war bestrebt, seinen Sohn auf die Rolle als König vorzubereiten und sorgte dafür, dass seine Kindheit unbeschwert und sorgenfrei verlief. Er schenkte ihm die schönsten und kostbarsten Dinge und ließ ausschließlich junge, schöne und gesunde Menschen in seine Nähe.

Siddhartha hatte aber bald das Gefühl, in einem goldenen Käfig zu leben. Er äußerte seinem Vater gegenüber den Wunsch, sich das Leben jenseits der Palastmauern anzusehen. Der König ließ die Straßen schmücken und veranlasste, dass ihm Menschenmengen zujubelten. Es waren wiederum nur gesunde, gut aussehende junge Leute. Auch außerhalb des Palastes sollte dem Prinzen nichts begegnen, was ihn betrüben könnte.

Aber die Bemühungen des Königs waren vergeblich. Auf seinen Ausritten sah Siddhartha einen Greis, einen Kranken und einen Toten sowie einen Asketen. Diese völlig neue Erfahrung schockierte und betrübte ihn, denn er erkannte, dass die sorglose Welt des Palastes, in der er bis jetzt gelebt hatte, nur eine Illusion war. Er begriff, dass zu jedem Leben, auch zu seinem eigenen und dem seiner Familie, Krankheit, Alter und Tod gehören und dass dies die Ursache für Leiden ist. Er begann, über den Sinn des Lebens nachzugrübeln, und entschloss sich, einen Weg zu finden, der das Ende dieses Leidens bringen würde. Es ging ihm aber nicht allein darum, nur sein eigenes persönliches Leiden zu beenden, sondern etwas zu finden, das alle Lebewesen dieser Welt erlösen würde. Er spürte, dass dies seine Lebensaufgabe war. Ohne das Einverständnis seines Vaters verließ er in der Nacht den Palast und schloss sich in den Wäldern lebenden Asketen an.

Viele Jahre lang übte er unter Anleitung der berühmtesten Asketen jener Zeit, ohne jedoch Erlösung vom Leiden zu erfahren. Siddhartha erkannte, dass diese asketischen Torturen ihn nicht ans Ziel bringen würden. Er nahm wieder Nahrung zu sich und wandte sich der Meditation zu. Eines Tages setzte er sich unter einen Feigenbaum mit dem Vorsatz, diesen Platz nicht eher zu verlassen, bis er den Weg zur Aufhebung allen Leidens gefunden habe. Dann versank er in tiefer Meditation, und eines Morgens erlangte er Erleuchtung und wurde dadurch zum Buddha.

Die Vier Edlen Wahrheiten und der Achtfache Pfad

Der Buddha erkannte, dass sich dieses Erlebnis nicht mit Worten ausdrücken ließ. Auf mehrfache Bitten hin jedoch erklärte er sich bereit, jene Lebewesen, die, wie es heißt, nur wenig Staub in ihren Augen haben, zu unterweisen. Er tat dies in seinen Lehrreden.

Die erste Lehrrede des Buddha handelt von den so genannten »Vier Edlen Wahrheiten«. Darin erläuterte er, dass alle Lebewesen im Kreislauf von Geburt und Wiedergeburt gefangen sind. Sie leiden, weil sie Geburt, Krankheit, Alter, Tod, Verlust, Verlangen und Unsicherheit erfahren. Diese Erkenntnis hatte ihn als jungen Prinzen dazu gebracht, das luxuriöse Leben im Palast hinter sich zu lassen. Die Erste Edle Wahrheit macht also eine Art existentieller Bestandsaufnahme. Sie beschreibt, dass das Dasein im Grunde unbefriedigend und frustrierend ist. Daher heißt sie »Die Edle Wahrheit vom Leiden«.

In der Zweiten Edlen Wahrheit beschrieb der Buddha, wie das Leiden entsteht. Als Ursache dafür nannte er das Begehren oder den Durst nach Existenz. In der Dritten Edlen Wahrheit erklärte er, wie das Leiden beendet werden kann, nämlich durch die völlige Überwindung des Begehrens. Die Vierte Edle Wahrheit zeigt schließlich, auf welchem Weg dies geschehen kann.

Der Weg zur Aufhebung des Leidens besteht aus acht Aspekten und wird deshalb der »Achtfache Pfad« genannt. Das sind rechte, das meint richtige, Erkenntnis, rechte Gesinnung, rechte Rede, rechtes Tun, rechter Lebenserwerb, rechte Anstrengung, rechte Achtsamkeit und rechte Sammlung.

Diese acht Aspekte sind nicht als linear aufgebaute Stufenfolge gedacht, die man der Reihe nach erklimmt und hinter sich lässt. Der Weg verläuft eher spiralförmig, wobei man die einzelnen Aspekte immer wieder berührt. Außerdem bedingen und nähren sie sich wechselseitig.

Der Achtfache Pfad als Ihre persönliche Entdeckungsreise

Auch Ihre persönliche buddhistische Entdeckungsreise wird Sie mit diesen acht Aspekten in Berührung bringen. Im Übungsteil wird immer wieder von Anschauungen, Weltbildern und inneren Haltungen die Rede sein. Das entspricht den ersten beiden Gliedern des Achtfachen Pfades: rechte Erkenntnis und rechte Gesinnung.

Unsere Anschauungen und Haltungen bestimmen aber ebenso unser Verhalten: Wie wir mit anderen umgehen, wie wir sprechen, wie wir reagieren, was wir tun. Das bezieht sich auf die mittleren drei Glieder des Pfades: rechte Rede, rechtes Tun und rechter Lebenserwerb. In diesem Buch wird es vor allem darum gehen, dass wir lernen, unser Verhalten in diesen Bereichen überhaupt erst einmal bewusst wahrzunehmen.

Die drei letzten Aspekte des Pfades – rechte Anstrengung, rechte Achtsamkeit und rechte Sammlung – werden der buddhistischen Tradition gemäß auf die Meditation bezogen. Meditation wird hier in einem grundsätzlichen Sinn verstanden als ein Sichgewöhnen an und ein Durchlässigwerden für neue Erkenntnisse (in diesem Buch werden keine Sitzpositionen erläutert). Dafür braucht man die letzten drei Glieder des Achtfachen Pfades, also ein ausgewogenes Maß an Anstrengung, Achtsamkeit und Sammlung oder Konzentration.

Die Lehre des Buddha ist von seinen Nachfolgern sehr stark systematisiert worden. Es gibt zahlreiche Listen und Aufzählungen mit diversen Unterpunkten. Zum Beispiel gibt es zu jedem der Aspekte des Achtfachen Pfades wiederum diverse Untergruppierungen. Dies wird uns hier aber nicht weiter beschäftigen, da es den Rahmen des Buches sprengen würde.

Die Suche nach Wahrheit ist der Motor

Die Vier Edlen Wahrheiten sind tiefgründiger, als dies auf den ersten Blick zu erkennen ist. Die erste Lehrrede des Buddha war nicht an die Allgemeinheit gerichtet, sondern an die ehemaligen Gefährten aus der Zeit seiner Askese, die in der Meditationspraxis geübt waren. Deshalb konnten sie den tiefen Sinn der Vier Edlen Wahrheiten begreifen.

Für Menschen, die zum ersten Mal mit der Lehre des Buddha in Berührung kommen, ist das oft schwieriger. Es erleichtert dann den Zugang, sich zunächst an die Empfehlung des Buddha zu halten, selbst zu sehen, den Dingen selbst auf den Grund zu gehen, sich selbst auf die Suche zu machen, und nicht irgendetwas, und hätte es der Buddha persönlich gesagt, einfach blind als Glaubenssatz zu akzeptieren.

Diesen Ansatz wollen wir in diesem Buch beherzigen. Es ist im Wesentlichen eine Anleitung, selbst zu betrachten und zu erkennen, also eine eigene Entdeckungsreise zu unternehmen.

In den Vier Edlen Wahrheiten ist viel von Leiden die Rede, so dass man den Eindruck gewinnen könnte, der Buddhismus sei pessimistisch und lebensverneinend. Das Leben hat doch auch schöne und angenehme Seiten, es bietet Harmonie und Freude, so möchte man einwerfen. Ist das alles nichts wert oder nur eine Illusion? Soll man das Positive aufgeben und sich nur noch dem Leiden zuwenden? Das wäre doch eine recht deprimierende Perspektive.

Die Lehre des Buddha besagt nicht, dass man sich nicht mehr über das Schöne und Angenehme, was diese Welt zu bieten hat, freuen darf. Sie will vielmehr zeigen, wie wahre Freude im Leben zu finden ist.

Aber zuerst sollten wir unser Augenmerk auf den Begriff »Wahrheit« legen. Als Menschen fühlen wir uns von der Wahrheit angezogen. Wir verspüren einen inneren Drang, die Wahrheit zu erkennen, den Sinn des Lebens zu finden; danach streben alle Menschen, zumindest zeitweise, mehr oder weniger intensiv. Eine wichtige Wahrheit des Buddha lautet, dass wir im gewöhnlichen Dasein nie wirklich dauerhafte Befriedigung erfahren: nicht durch Besitz oder Prestige, nicht durch Sex, Macht oder Erfolg, nicht in Beziehungen, nicht im Rückzug von der Welt. Alles, was man sich als Mensch selbst aufbauen kann, zerfällt auch irgendwann wieder. Wirkliches Glück ist so nicht zu finden. Diese Wahrheit gilt es erst einmal zu erforschen und für sich anzunehmen.

Wo und wie können wir aber Glück und Befriedigung erfahren? Wenn wir aufgehört haben, so seine Lehre, uns an Vergängliches festzuklammern, wenn wir unsere falschen Sichtweisen und den Drang, alles stets unter Kontrolle halten zu müssen, loslassen, dann können wir einen Zustand von Glück und Befriedigung erlangen. Wenn wir für das offen werden, was ohnehin immer da war, da ist und da sein wird: dynamisches Sein, in leuchtenden Farben sprühend und gleichzeitig durchscheinend wie Licht.

Auf dem buddhistischen Weg geht es also um ein eigenes Erkennen und Unterscheiden dessen, was es loszulassen oder zu durchschneiden gilt, und dem, was einfach da ist, reine Wirklichkeit. Die Lehre des Buddha ist deshalb nicht nur eine Beschreibung seines eigenen Wegs zur Erleuchtung, sondern ebenso eine Anleitung, wie jede und jeder von uns zur Wahrheit erwachen kann.

Innere Widerstände gegen die Wahrheit

Im täglichen Leben gibt es Situationen, in denen wir der Wahrheit nicht ins Auge schauen wollen. »Das darf doch nicht wahr sein«, sagen wir, wenn uns etwas völlig Unerwartetes oder Unangenehmes passiert. Man möchte manchmal nicht wahrhaben, dass man krank ist, dass man bestimmte Fehler immer wieder macht oder dass man sich von einem einst vertrauten Menschen innerlich entfernt hat. Eine Redensart besagt, dass die Dinge unter den Teppich gekehrt werden, die man nicht wahrhaben will. Aber früher oder später muss dieser Teppich aufgerollt werden, und man wird das in Augenschein nehmen müssen, was sich im Laufe der Zeit darunter angesammelt hat. Wir spüren, dass wir uns das schuldig sind, wollen wir nicht vor uns selbst unsere Glaubwürdigkeit verlieren.

Dies gilt umso mehr für die Wahrheiten des Seins und den Sinn des Lebens. Wir haben uns ein Weltbild zurechtgezimmert, das der Wirklichkeit nicht entspricht. Wir glauben, dass die Dinge und wir selbst beständig sind. Wir halten das für verlässlich und solide, was in Wahrheit vergänglich und flüchtig ist. Andererseits messen wir dem, was wirklich da ist, keine Bedeutung zu. Wirklich vorhanden ist zum Beispiel eine uns innewohnende Fähigkeit zur Erkenntnis. Alles, was wir zum Erwachen brauchen, liegt bereits in uns. Dem trauen wir allerdings nicht und suchen stattdessen die Wahrheit außerhalb von uns.

Wir halten die Erscheinungen der Wirklichkeit, die wir mit unseren Sinnen wahrnehmen, für der Wahrheit letzten Schluss. Wir betrachten alles vom Standpunkt des Ichs aus. Wir meinen, es müsse ein von der übrigen Welt getrenntes und unabhängiges Ich geben, das alles kontrolliert, bewertet, einordnet, das Entscheidungen fällt und handelt. Alles wird vom Ich-Standpunkt und durch den Filter des Ichs interpretiert.

Diese falsche Anschauung hat weit reichende, mitunter negative Folgen: Ich glaube, mein Ich und meine Welt um jeden Preis aufrechterhalten und verteidigen zu müssen, und deshalb werde ich alles an mich ziehen und festhalten, damit mir das auch gelingt. Was immer mein Ich und meine Welt zu bedrohen oder gar anzugreifen scheint, weise ich zurück oder ich versuche sogar, es zu zerstören.

Der Buddha zeigte uns, dass ein solches Ich oder Ego eine Illusion ist. Es bedarf keines solchen Ichs, um fühlen, handeln und leben zu können. Wir allein haben uns dieses Ich »aufgebaut« und seiner Propaganda »Ohne mich, dein Ich, bist du ein Nichts« geglaubt. Wir haben uns an etwas festgehalten, was in Wirklichkeit gar nicht da ist. Wie seltsam! Wir wollen nicht wahrhaben, dass wir schon seit so langer Zeit einem Irrtum verfallen sind. Wie würden wir denn vor uns selbst dastehen, wenn wir uns eingestehen würden, dass wir uns die ganze Zeit über getäuscht haben? Das wäre doch äußerst peinlich.

Doch Erwachen ist nur möglich, wenn wir uns nicht gegen die Ent-Täuschung wehren. Schrittweise gilt es zu lernen, die falschen Wahrnehmungen und Interpretationen zu durchschauen und stattdessen direktes Wahrnehmen und Erleben zuzulassen, unvoreingenommen und vorurteilsfrei, ohne Bezugsrahmen und ohne doppelten Boden.

In der Lehre des Buddha spricht man in diesem Zusammenhang von Projektionen. Wie ein Dia oder ein Film auf eine weiße Wand projiziert wird und wir den Eindruck haben, etwas Reales zu sehen, so projizieren wir als Menschen unsere Vorstellungen auf die Leinwand der Wirklichkeit. Anstatt die Wirklichkeit also direkt wahrzunehmen, halten wir uns mit unseren Projektionen auf. Diese fesseln uns so wie ein spannender Film.

Dabei ist das Aufscheinen der Projektionen an sich nicht problematisch. Nur wenn wir diese für real halten und meinen, wir führten die Regie oder spielten die Hauptrolle in diesem Film, wird es kritisch.

Wir halten uns normalerweise also an Dingen fest, die uns niemals wirkliche Befriedigung schenken können: an Selbstbildern, Besitz, Status, Ruhm oder Beziehungen zu anderen Menschen. Wir fürchten, dass unser Leben in Stücke brechen, dass wir in ein bodenloses Loch fallen würden, wenn wir diese scheinbaren Sicherheiten loslassen. Deshalb fällt es uns schwer, unser falsches Weltbild aufzugeben, in dem wir gefangen sind.

Mit dem Aufgeben aller Täuschungen geht aber auch immer eine gewisse Klarheit einher. So unangenehm die Wahrheit auch sein mag, wir können uns ihrem Bann nicht entziehen. Wenn wir etwas verstanden haben, sagen wir »ach so« und sind irgendwie erleichtert. Gerade haben wir noch die Stirn gerunzelt, nun hellt sich unser Gesicht auf. Wir hatten ein »Aha-Erlebnis«. Vielleicht kann man sich das Erwachen als ein gigantisches, überwältigendes und erschütterndes »Aha-Erlebnis« vorstellen, das unser gesamtes Wesen erfasst. Dazu müssen wir aber all unsere falschen Vorstellungen nach und nach fallen lassen. Die Wahrheit wird dann ganz von allein sichtbar.

Haben wir den Irrtum erkannt, das Ich als unnötige Konstruktion durchschaut und die Projektionen losgelassen, fallen wir aber nicht in ein schwarzes Loch. Man ist kein »Nichts«. Weder der Buddha noch seine Nachfolger haben sich nach dem Erwachen in nichts aufgelöst. Sie lebten weiter und wirkten zum Wohle der anderen. Sobald sich die Illusion eines Ichs aufgelöst hat, kann das zum Vorschein kommen, was schon immer in uns da war: Liebe, Mitgefühl, Weisheit, Großzügigkeit und vieles Wunderbare mehr. Auf dieser Ebene handelt es sich aber um transzendente Qualitäten, was bedeutet, dass sie nicht in Besitz genommen oder als Bezugsrahmen verwendet werden können. Sie sind einfach da und wirken aus sich selbst heraus.

Die Übermittlung der Lehren bis in die heutige Zeit

Der Buddha lehrte also, wie wir aus dieser Täuschung erwachen können. In zahlreichen Reden, den so genannten Sutras, sind seine Worte und Lehren festgehalten, und sie sind durch mehr als zwei Jahrtausende hindurch als praktische Anleitungen persönlich von Meisterinnen und Meistern an ihre Schülerinnen und Schüler weitergegeben worden. Von dieser traditionellen sorgfältigen Weitergabe und Übermittlung der buddhistischen Lehre profitieren wir bis jetzt. So ist es bis heute möglich, authentische buddhistische Meister und Meisterinnen zu treffen, die uns Buddhas Lehre als eigene gelebte Erfahrung übermitteln können.

Die Erklärungen und Unterweisungen des Buddha wirken also bis heute fort und inspirieren viele Menschen, selbst zur Wahrheit zu erwachen. Denn er lehrte, dass wir diese Wahrheit selbst entdecken und Erleuchtung erlangen können. Jede und jeder Einzelne von uns kann diese Erfahrung machen, denn wir haben alle Voraussetzungen und Fähigkeiten dazu bereits in uns. Das bedeutet aber auch, dass wir Selbstverantwortung tragen. Niemand kann uns diese Erkenntnis abnehmen, uns bleibt es nicht erspart, dass wir uns selbst auf den Weg machen. Jeder Mensch muss seine Entdeckungsreise zur Wahrheit selbst unternehmen.

Schulen und Traditionen

Der historische Buddha Shakyamuni hatte eine Gemeinschaft von Mönchen und Nonnen um sich gesammelt, die nach seinem Tod weiterhin nach seinen Lehren lebten, sie praktizierten und auch weiterentwickelten. Von Indien aus breitete sich die Lehre nach Sri Lanka und weiter nach Süd- und Ostasien sowie nach Zentralasien, Tibet und in die Mongolei aus. Und überall berücksichtigten die buddhistischen Lehrerinnen und Lehrer die

Religionen und geistigen Ausrichtungen der Menschen vor Ort. Sie versuchten, die Lehre jeweils so zu vermitteln, dass die Menschen leicht Zugang zu ihr finden konnten. Deshalb nahm der Buddhismus Eigenheiten der dort lebenden Bevölkerung und ihrer jeweiligen geistigen Ausrichtung auf.

So entstanden viele Richtungen des Buddhismus, die in der altindischen Sprache »Yanas« genannt werden, was wörtlich übersetzt »Fahrzeuge« heißt. Im ersten Jahrhundert vor unserer Zeitrechnung zeichneten sich zwei große Strömungen ab. Eine der beiden Gruppierungen nannte ihre Schule »Großes Fahrzeug«, Mahayana, und bezeichnete die andere Strömung etwas abfällig als »Kleines Fahrzeug«, Hinayana.

Die einzige heute noch existierende Schule dieses so genannten Kleinen Fahrzeugs, das sich ausschließlich auf die ersten schriftlich niedergelegten Lehren des Buddha stützt, nennt man Theravada-Schule, »die Schule der Älteren«. Sie ist auf Sri Lanka, in Thailand, Burma, Kambodscha und Laos zu finden.

Die besondere Ausrichtung des Großen Fahrzeugs, des Mahayana, gilt dem Wohlergehen aller Lebewesen. Das Streben nach Erwachen oder Erleuchtung ist hier immer verbunden mit dem Wunsch, zum Nutzen aller Lebewesen zu wirken, das heißt, letztlich das Leiden aller aufzuheben. Mitgefühl wird als Antriebskraft allen Tuns aufgefasst. »Buddha« als Zustand oder Prinzip rückt nun in den Vordergrund. Der historische Buddha Shakyamuni wird als Ausdruck dieses Prinzips gesehen, und nicht nur als ein Mensch, der zu einer besonderen Erkenntnis kam und dessen Anleitungen zu befolgen sind.

Ausformungen des Mahayana breiteten sich von Indien nach Tibet sowie nach China, Korea und Japan aus. Bei uns im Westen ist aus dieser Richtung vor allem der Zen-Buddhismus bekannt.

Eine besondere Weiterentwicklung des Mahayana ist das Vajrayana, das »Unzerstörbare Fahrzeug«, auch tantrischer Buddhismus genannt. Durch die innige und intensive Beziehung zu einer entsprechend qualifizierten Person, einem buddhistischen Lehrer oder einer Lehrerin, und ein von ihr vollzogenes Einweihungsritual werden geeigneten Schülern zusätzliche Methoden zugänglich gemacht, Buddhaschaft zu erlangen. Das Vajrayana verbreitete sich von Indien weiter nach Tibet, China und Japan.

Die Lehre des Buddha im Westen

In den westlichen Ländern haben wir nun die Situation, dass fast alle existierenden Ausformungen des Buddhismus verfügbar sind. Man kann sich also Theravada-Mönchen aus Sri Lanka anschließen, tibetischen Geistlichen oder japanischen Zen-Meistern. Das macht die Situation besonders für Anfänger nicht gerade einfach.

Für uns ist es oft nicht leicht zu unterscheiden, wo es sich beispielsweise um tibetische oder japanische Kultur und wo um buddhistische Inhalte handelt. Erst bei genauerem Hinsehen und einer längeren Beschäftigung mit der Lehre Buddhas lässt sich das erkennen.

So verschieden aber die Ausformungen des Buddhismus auch sein mögen, es gibt einige Grundsätze, die allen Richtungen gemeinsam sind. Man könnte es vereinfacht so zusammenfassen: Ziel ist es, den eigenen Egoismus zu überwinden, um in allen Handlungen zum Wohlergehen aller Wesen beizutragen.

Die einzelnen Methoden nun, mit denen dieses Ziel angestrebt wird, können allerdings recht unterschiedlich aussehen. Sie reichen von Askese bis zur tantrischen Ekstase. Aber es geht immer um das gleiche Ziel.

Der Buddha benutzte ein Bild, um die Methoden seiner Lehre zu erläutern: Wenn wir an das andere Ufer eines Flusses gelangen wollen, benötigen wir ein Floß. Sind wir dort angekommen, sollten wir es liegen lassen, da es seinen Zweck erfüllt hat, und unseren Weg fortsetzen.

Die Methoden, Anleitungen und Regeln können sich also sehr unterscheiden. Obwohl sie nicht als letztendliche Wahrheit angesehen werden, sind sie dennoch nicht beliebig. Es ist durchaus sinnvoll, für längere Zeit in einer bestimmten Tradition zu praktizieren. Jede Regel, jede Anleitung steht in einem bestimmten Zusammenhang und richtet sich auf ein bestimmtes Teilziel. Es macht keinen Sinn, sich beliebig nach eigenem Gutdünken aus den verschiedenen Formen der Lehre sein eigenes Süppchen zu kochen.

Ein Buddhismus für den Westen ist sicherlich im Entstehen. Aber das ist ein langwieriger Prozess. Welche Aspekte der verschiedenen Ausformungen der Lehre des Buddha sollen wir übernehmen und welche nicht? Was muss im Westen besonders betont oder ausführlicher erklärt werden? Nur wer sich durch eine buddhistische Tradition gleichsam hindurchgearbeitet hat, sowohl theoretisch als auch vom meditativen Erleben her, kann beurteilen, was ihre Essenz ausmacht und was möglicherweise an »Exotik« weggelassen werden kann. Es gibt aber schon einzelne Lehrer und Lehrerinnen, die ausreichend geschult sind, um eine auf westliche Bedürfnisse abgestimmte Ausdrucksweise des Buddhismus anzubieten. Man darf gespannt sein, wie sich dieser Prozess weiterentwickelt.

Wir im Westen verspüren häufig die Neigung, alles kritisch zu hinterfragen und zu analysieren. Das geschieht durchaus auch im Buddhismus. Dabei geht es jedoch immer um ein Verstehen der Welt auf einer ganz tiefen Ebene, die nicht allein mit dem Intellekt erfasst werden kann. Erforscht werden die eigene Person, die Mitmenschen und die gesamte Umwelt ebenso wie Anschauungen und Meinungen, Gefühle und Emotionen. Empfindet man beispielsweise Wut, spürt man nach, wo die Wut im Körper zu fühlen ist. Man konzentriert sich also auf die Körperempfindung und weniger darauf, die Wut zum Ausdruck zu bringen. Damit kann man das schlimme Unheil vielleicht schon vermeiden. Weiterhin kann ich untersuchen, »wer« in mir wütend ist: mein Kopf, mein Bauch, mein Fuß, mein kleiner Zeh? Oder ich überlege, auf wen ich da eigentlich wütend bin. Wer ist diese andere Person: Ist sie ihr Arm, ihr Rücken, ist sie das, was sie sagt oder wie sie mich ansieht? Dabei kommt man unweigerlich alten Reaktionsmustern auf die Spur. Letzteres bringt die Lehre des Buddha mit der Psychologie in Berührung.

Das Herz öffnen

In den Ländern, in denen die Kultur und der Alltag vom Buddhismus geprägt sind, wachsen die Menschen mit buddhistischen Ideen und Idealen auf. Für uns hier im Westen scheint es oft so, als wäre er nur für Intellektuelle oder Philosophen geeignet oder dann empfehlenswert, wenn man auf der Suche nach ein wenig Wohlbefinden und Entspannung in der Hektik des Alltags ist. Beide Anschauungen werden der Lehre des Buddha nicht gerecht, denn sie bleibt weder bei bloßer Entspannung noch bei einer philosophischen Analyse stehen. Immer geht es um direktes und tiefes Erleben und Erfahren, um unmittelbare Einsicht. So wie sie sich nicht als ein Weg versteht, rein intellektuelles Wissen zu erlangen, so geht es ihr auch nicht allein um psychisch-physisches Wohlgefühl.

Die Lehre des Buddha ist keine Philosophie, sondern eine Anleitung zur eigenen Erkenntnis, zur »Selbsterkenntnis« könnte man sagen, wobei sich sofort die Frage anschließt, was dieses Selbst ist. Immer muss ich die Dinge direkt an mir und in mir erleben. So nützt mir das bloße theoretische Wissen, dass alles vergänglich ist, herzlich wenig. Daraus allein brauche ich keine praktischen Konsequenzen zu ziehen, es bringt mich nicht unbedingt dazu, mein Leben zu verändern. Wenn ich die Vergänglichkeit allen Seins aber als direkte Erfahrung erlebe, die mich ganz und gar durchdringt, zum Beispiel weil ein mir nahe stehender Mensch gestorben ist oder ein bestimmter Lebensabschnitt zu Ende geht, dann trifft und betrifft mich das ganz anders. Die unterschiedlichsten Emotionen können in mir hochkommen. Auf jeden Fall bedeutet wirkliches Verstehen, dass ich die Dinge unmittelbar an mich heranlasse, geistig und auch emotional.

In diesem Sinne fordert die Lehre des Buddha nicht, der Welt den Rücken zu kehren, sondern ganz im Gegenteil sich ihr zuzuwenden: Sie zielt auf ein unmittelbares Erleben ohne Schutzpanzer, Scheuklappen und vorgefasste Meinungen, sie verlangt völlige Offenheit allem und jedem gegenüber.

Die schützenden Hüllen, an die wir uns gewöhnt haben und die alles so angenehm gedämpft und in mildem Licht erscheinen lassen, müssen nach und nach fallen, wenn wir zur Wahrheit erwachen wollen. Das wird uns auch emotional berühren. Vielleicht werden Sie sich verunsichert oder verängstigt fühlen. Das sind normale Begleiterscheinungen dieses Prozesses, die nicht umgangen werden können.

Haben wir aber erst den Panzer unseres Egoismus abgelegt, das Gefängnis unserer Egozentriertheit verlassen, werden wir ganz von allein empfänglicher und sensibler für die Belange unserer Mitmenschen. Der Buddhismus spricht also nicht nur die geistige Ebene in uns an. Er möchte Sie vielmehr lehren, mit dem Herzen zu sehen. Der Buddha will Sie ins Herz treffen, an Ihr Herz rühren und Sie dazu bringen, Ihr Herz für andere zu öffnen. Mitgefühl und Liebe werden dann spontan und mühelos aus Ihrem Herzen strömen und Ihr Handeln bestimmen.

Die Bedeutung der Meditation

Wenn Sie dem buddhistischen Weg folgen wollen, müssen Sie damit rechnen, dass vieles Wohlvertraute mit einem Mal in Frage gestellt wird und Neues ausprobiert werden will. Meditation ermöglicht dabei ein Einüben von neuen Gewohnheiten und ein Durchlässigwerden für neue Erkenntnisse. Es ist sehr schwierig, plötzlich neue Verhaltensweisen zu entwickeln, auch wenn man vom Kopf her weiß, dass sie positiv und vorteilhaft sind. In einem geschützten Raum, in einer eigens dafür reservierten Zeit, findet man ideale Bedingungen zum Üben vor, einmal anders als nach den eingefahrenen Mustern zu reagieren. Allmählich bildet sich dadurch eine neue, bewusst gewählte, andere Gewohnheit, die sich mehr am Wohl der anderen als an egoistischen Belangen orientiert. Und nach und nach, vielleicht zuerst zaghaft, kann man es dann auch wagen, in der Hektik des Alltags ein wenig anders zu handeln. Aus diesem Grund spielt die Meditation eine so wichtige Rolle auf dem buddhistischen Pfad.

Mehr als eine Modeerscheinung

In der Lehre des Buddha werden Themen behandelt, die alle Menschen beschäftigen. Sie ist nichts Exotisches, sondern etwas, mit dem wir uns hier und heute verbinden können.

Viele Anleitungen, die der Buddhismus gibt, werden Ihnen vielleicht vertraut vorkommen. Einige Aspekte kennen Sie vielleicht aus Büchern zur Lebenshilfe, wie beispielsweise zum positiven Denken. Die buddhistische Ethik unterscheidet sich in vielen Aspekten nicht von den christlichen Werten oder einem allgemeinen ethischen Konsens, der für ein intaktes Zusammenleben von Menschen in einer Gemeinschaft notwendig ist. Das buddhistische Ideal von Gewaltlosigkeit, Mitgefühl und Freundlichkeit ist heilsam für unsere Welt und bildet, gemeinsam mit entsprechenden Haltungen aus anderen Glaubenssystemen, ein Gegengewicht zu Egoismus, Skrupellosigkeit und Gewalt.

Manche Elemente asiatischen Lebensstils und speziell des Buddhismus sind inzwischen modern und chic geworden. Meditation wird in Volkshochschulen und anderen Bildungsstätten angeboten. Das sind sicherlich positive Ansätze. Allerdings muss immer wieder betont werden, dass der buddhistische Weg mehr umfasst als ein Quäntchen Entspannung nach einem hektischen Arbeitstag, so wohltuend und wünschenswert das auch sein mag. Sollte dies Ihr einziges Ziel auf der Reise sein, werden Sie nicht viel entdecken. Der buddhistische Weg ist kein Sonntagsspaziergang im Sonnenschein, sondern gleicht eher einer Wanderung durchs Hochgebirge mit allen Schwierigkeiten, Gefahren, Unannehmlichkeiten und Wetterumschwüngen, die damit einhergehen können.

Denn die buddhistische Lehre beinhaltet etwas, das leicht vergessen wird: Wenn wir ihren Anleitungen folgen, heißt das, dass wir uns von all unseren falschen Vorstellungen und Meinungen, Projektionen und Täuschungen trennen müssen. Wir müssen sie mit der Wurzel herausreißen – radikal und kompromisslos. Und weil dies nicht nur auf theoretischer Ebene passiert, sondern auf eine Weise geschieht, die unser ganzes Wesen mit einschließt, ist das eine höchst emotionale Angelegenheit, die auch schmerzhaft ist.

Ein radikaler Schnitt

Die Lehre des Buddha handelt also davon, dass wir lernen müssen, Dinge, Umstände und Zusammenhänge unvoreingenommen und unmittelbar zu sehen. Wir blicken unseren Lebensumständen ins Auge – ohne Umschweife, ohne Sonnenbrille, ohne Schleier. Das kann uns blenden und Schmerzen bereiten. Aber nur wenn wir uns aus dem Kokon befreien, in den wir eingeschlossen sind, können wir spüren, was Wahrheit ist. Nur wenn wir aufhören, bei zugezogenen Vorhängen unter der warmen Bettdecke zu dösen und zu träumen, können wir uns an der Morgendämmerung und den ersten Sonnenstrahlen erfreuen. Nur dann können wir zur Buddhaschaft erwachen.

Weil die buddhistischen Lehren und Übungen das Ziel haben, Sie zum Erwachen zu bringen, wird Sie das nicht immer angenehm berühren. Stellen Sie sich vor, Sie sind gerade in Ihrer Tiefschlafphase und jemand versucht, Sie zu wecken. Eltern kleiner Kinder kennen diese Situation zu gut. Vermutlich sind

Sie alles andere als begeistert, dass man Sie stört. Manche Menschen werden sogar richtig böse, andere drehen sich nur um und schlafen weiter. Ein Signal, aufzuwachen, ist nicht für jeden Menschen Anlass zur Freude.

Auch in uns gibt es einen gewissen Widerstand, zur Wahrheit zu erwachen und Buddha zu werden. Aber wir können uns schrittweise daran gewöhnen, das Erwachen zuzulassen, so wie wir uns daran gewöhnen können, früh aufzustehen.

Die Lehre des Buddha will Sie anleiten, nach und nach, Schritt für Schritt, alles zu hinterfragen: Ihre Gewohnheiten, Ihre Prioritäten, Ihr Selbst- und Ihr Weltbild. Buddha will Sie wachrütteln und Sie aus Ihrem gemütlichen lauwarmen Nest aufscheuchen. Aber vielleicht finden Sie sich dann in der Morgenfrische auf einem hohen Berg wieder, den unendlichen blauen Himmel über sich und ein schier überwältigendes Panorama vor Augen. Vielleicht fühlen Sie sich wie ein Vogel, der frei durch diesen unendlichen Raum fliegen kann und spontan zum Wohl anderer wirkt.

Dies ist ein Prozess, der nicht von heute auf morgen geschieht, sondern in dem Maße fortschreitet, wie Sie sich für die buddhistischen Lehren öffnen und auf sie einlassen.

Betrachten Sie Ihre Beschäftigung mit der Lehre Buddhas als Entdeckungsreise. Es kann interessante oder langweilige Etappen geben, aufregende oder ermüdende Phasen, anstrengende und gefährliche Stationen. Haben Sie aber die Gewissheit, auf dem richtigen Weg zu sein, wird Ihre Kraft wachsen, ihn weiter zu beschreiten.

Ich wünsche Ihnen auf dieser Reise von ganzem Herzen Spaß und viele neue Begegnungen und Erkenntnisse!

Die Methode: Entspannte Aufmerksamkeit

Für jedes Forschungsabenteuer braucht man unter anderem Interesse, Aufmerksamkeit und Mut. Interesse auf unserer Reise bedeutet, dass wir uns wundern: vielleicht über die intensive Farbe des Himmels, über eine Musik, die uns tief berührt, über den Geschmack einer Frucht oder über Düfte, angenehme und störende.

Das Buch möchte Sie dazu anregen, das, was um Sie herum geschieht, nicht als selbstverständlich und gegeben hinzunehmen. Stattdessen könnten Sie staunen und sich wundern: über das Leben und über die unendliche Vielfalt, in der es sich ausdrücken und zeigen kann. Manches wirkt harmonisch, bezaubernd, betörend, umwerfend, anderes wiederum unglaublich schmerzvoll und unbegreiflich grausam. Aber all dies gehört zum Leben.

Sie könnten lernen, Dingen und Menschen in allen Situationen ohne Vorurteile zu begegnen. Möglichst unvoreingenommen und offen wenden Sie sich dann allem zu, was in den Vordergrund Ihrer Aufmerksamkeit tritt, sei es angenehm oder unangenehm.

Auf dem buddhistischen Weg versucht man, auch im Denken offen zu bleiben. Man fragt sich, warum die Dinge so sind, wie sie sind. Warum leben wir überhaupt, was ist der Sinn des Lebens? Wer bin ich, wer bist du? Warum gibt es so viel Leid auf der Welt? Warum sind die Menschen so blind und zerstören ihre eigene Lebensgrundlage, die Erde? Diese Fragen stellen sich viele von uns, manche nur im Stillen, andere auch in der Öffentlichkeit.

Die buddhistische Lehre unterstützt solche Fragen: Ja, fragt ruhig, fragt immer weiter, aber erwartet keine vorgefertigten

Antworten. Ihr müsst schon selbst schauen. Forscht, untersucht, erlebt, findet die Antwort selbst heraus!

So wie ein Forscher auf seiner Reise ins Unbekannte Hilfsmittel wie Landkarten, Fahrzeuge, Messinstrumente und Mitarbeiter braucht, auf die er sich verlassen kann und die das gleiche Ziel haben wir er selbst, gibt Ihnen auch die Lehre des Buddha Methoden an die Hand, mit deren Hilfe Sie sich selbst auf Ihre Expedition machen können. Und sie weist Sie auf Gebiete hin, die erfahrungsgemäß mit großem Nutzen untersucht werden können.

Eine der wichtigsten Methoden hierbei ist die Aufmerksamkeit. Sie kann an dieser Stelle als Ausrichtung der Konzentration verstanden werden, wie das Fokussieren eines Fernglases oder einer Kamera.

Wir sind aufmerksam, wenn uns etwas interessiert oder wir etwas herausfinden wollen. Etwas zieht unsere Aufmerksamkeit auf sich: ein Klang, ein Geruch, ein Thema, eine Figur in einem Roman, eine Geschichte. Es kann sein, dass eine Sache unsere ganze Aufmerksamkeit in Anspruch nimmt, uns fesselt und uns in ihren Bann zieht. Aufmerksamkeit ist eine starke Kraft.

In vielen buddhistischen Richtungen wird diese Kraft Achtsamkeit genannt. Das soll bedeuten, dass wir nicht blind und taub durch die Welt taumeln oder wie programmierte Roboter agieren, wo wir doch auch aufmerksam, wach und bewusst durchs Leben gehen könnten.

Aufmerksamkeit ist aber auch mehr als Konzentration. Aufmerksam zu sein bedeutet, eine Situation in all ihren Aspekten und Facetten wahrzunehmen, gleichsam alle Fühler auszustrecken, so dass wir uns so verhalten können, wie es den jeweiligen Umständen angemessen ist.

Unser Ziel sollte also sein, Situationen erst einmal richtig und annähernd umfassend wahrzunehmen, anstatt sie nur bruchstückhaft zu sehen und dem Zwang zu folgen, sofort zu reagieren. Wir könnten uns stattdessen mehr Zeit lassen, indem wir zum Beispiel eine kleine Pause einlegen, um eine Situation zu erspüren. Dann erst wird ein Handeln möglich, das eher eine Antwort auf eine Gegebenheit als eine automatische Reaktion ist.

Besonders für uns Menschen im Westen ist es allerdings wichtig, dieses Fokussieren nicht zu übertreiben. Wir haben sehr gut gelernt, uns auf etwas zu konzentrieren, wobei wir allerdings leicht den Überblick verlieren oder uns verkrampfen.

Der Sinn der Übung besteht aber nicht darin, dass wir uns gleichsam aufteilen. Manchmal kann es nämlich passieren, dass wir uns in zwei Personen aufspalten: Die eine erlebt etwas und handelt, die andere beobachtet, bewertet, beurteilt und trifft Entscheidungen. Das ist vor allem zu Beginn der Übung fast unvermeidlich, aber nicht ihr Ziel. Man muss noch einen Schritt weitergehen. Früher oder später muss die Aufteilung in Beobachter und beobachtetes Objekt aufgegeben werden. Denn es geht hier nicht um Kontrolle und schon gar nicht um ein Beurteilen. Es geht vor allem um Wahrnehmen, Erspüren, Loslassen, um zu einer Haltung der Gelassenheit zu finden.

Daher möchte ich hier von entspannter Aufmerksamkeit sprechen. Wir sollten also gleichzeitig wach und entspannt sein. Wie ist das möglich? Ist das nicht ein Widerspruch in sich?

Entspannung heißt für uns im Allgemeinen, dass wir abschlaffen, im Sessel versinken, träge werden, wegdösen oder uns in Gedanken verlieren. Aufmerksamkeit verbinden wir mit einer gewissen Anspannung. Entspannt und doch wach sein: Das hört sich nach einem schwierigen Balanceakt an. Zu große Entspannung könnte dazu führen, dass wir wegdösen, zu starke Aufmerksamkeit uns aber so anspannen, dass wir uns verkrampfen. Allerdings sind beide Aktivitäten für den Prozess der Aufmerksamkeit notwendig.

Indem wir versuchen, Aufmerksamkeit und Entspannung in Einklang zu bringen, ist die Aufmerksamkeit oder Achtsamkeit gleichsam in einen größeren Zusammenhang eingebettet. Man könnte dies folgendermaßen beschreiben: Um die Aufmerksamkeit herum gibt es viel Luft und Raum. Aufmerksam sein bedeutet zwar, sich konzentriert auf etwas zu richten und es dann zu fokussieren, als würde man ein Fernglas einstellen, aber dies muss nicht eng und verkrampft sein. Stellen Sie sich folgende Situation vor: Sie richten Ihre Aufmerksamkeit auf eine Tasse: Ich bin mir dieser Tasse bewusst. Ich sehe sie ganz deutlich mit ihrer geschwungenen Form, ihrer grünen Farbe, ihrem Henkel vor mir. Ihre Form ist ästhetisch und funktional. Vielleicht nehme ich sie auch in die Hand und fühle ihre glatte Oberfläche, spüre ihr Gewicht. Ich nehme durch meinen Sehsinn etwas wahr: eine Form, eine Farbe. Mit dem Tastsinn erspüre ich ihre Oberflächenstruktur und ihr Gewicht. Daraus konstruiert mein Gehirn Zusammenhänge. Dann kommt ein Gedanke hinzu und die Bezeichnung »Tasse« taucht in meinem Kopf auf.

Alles, was wir als Lebewesen jemals von der Welt wissen können, erfahren wir auf diese Weise, das heißt durch unsere Sinnesorgane und unser Denken. Sinneswahrnehmungen ebenso wie das Denken sind von Person zu Person verschieden. Es gibt keine zwei Menschen, die die Welt identisch wahrnehmen. Vielleicht ist die Welt gar nicht so eindeutig, klar festgelegt und definierbar, wie wir das immer meinen. Könnte sie nicht viel beliebiger sein und viel mehr Möglichkeiten in sich bergen, als wir uns das träumen lassen? Diesen Aspekt der Welt bezeichnet man im Buddhismus als Offenheit, Raumhaftigkeit oder Leerheit.

Offenheit oder Raumhaftigkeit heißt hier, stark vereinfacht, dass wir die Tasse nicht als gegeben hinnehmen, nicht als von jeher existentes Objekt betrachten, sondern dass wir bemerken, wie wir uns diese Tasse aus einzelnen Sinneswahrnehmungen quasi zusammenbauen. Die entspannte Aufmerksamkeit trifft also mit Offenheit oder Raumhaftigkeit zusammen. Man könnte es auch so sagen: Der Aspekt der Entspannung entspricht der Offenheit und Raumhaftigkeit. Ich kann entspannt sein, weil alles möglich ist und weil es für alles Raum gibt.

Die Aufmerksamkeit entspricht der bewussten Wahrnehmung all der Dinge, die im Raum möglich sind und die aus diesem hervorkommen und sichtbar werden und wieder verschwinden.

Der Ausgangspunkt für unsere Entdeckungsreise hier ist natürlich die Art von Aufmerksamkeit und Raumgefühl, zu der wir gegenwärtig Zugang haben. Allerdings kann uns unsere Intuition auch gelegentlich für kurze Momente Türen zu tieferen Dimensionen von Aufmerksamkeit und Raumgefühl öffnen.

Mit Freundlichkeit, Geduld und Vertrauen

Auf unserer buddhistischen Entdeckungsreise sind wir nicht nur Forscher, sondern wir sind gleichzeitig auch der Kontinent, den es zu entdecken gilt. Als verantwortungsvolle und aufgeschlossene Forscher wollen wir das, was sich uns da an Neuem auftut, erst einmal mit freundlicher Neugier und mit Interesse betrachten.

Wir stülpen der uns fremden Kultur nicht sofort unsere Wert- und Moralvorstellungen über. Wir achten und respektieren das, was wir vorfinden, auch wenn es uns zuerst seltsam, unsinnig, ärgerlich oder vielleicht sogar grausam vorkommt. Wie eine ideale, tolerante Forscherin sollten Sie auch mit sich selbst umgehen.

Wir alle stecken voller Gewohnheiten, Verhaltensmustern, starren Meinungen und Anschauungen, Vorurteilen, Launen und Vermeidungsstrategien. In jedem von uns wirkt das, was man in der Physik die Trägheit der Masse nennt. Wir folgen gern ausgetretenen Pfaden und ändern uns nicht gern. Je länger wir aber schon an bestimmten Gewohnheiten festhalten, desto schwieriger wird es für uns sein, diese loszulassen.

Die Aufmerksamkeit kann hier wie eine Lupe funktionieren: Riesig und klar kommen unsere Gewohnheiten zum Vorschein. Manches von dem, was Sie da zu Gesicht bekommen, wird Ihnen nicht gefallen. Vielleicht sind Sie dann versucht, die Lupe in die

Ecke zu werfen, weil Sie nicht mehr so genau hinschauen wollen. Oder Sie sind so schockiert und wollen die Missstände auf der Stelle beheben, was nicht gelingen kann.

Veränderungen, wenn sie denn notwendig und möglich sind, können erst in einem zweiten Schritt geschehen. Im Augenblick geht es nur darum, dass Sie genau hinsehen und hinspüren, um das, was Sie dann wahrnehmen, ohne Wertungen zuzulassen.

Wir werden nicht darum herum kommen, unsere Unzulänglichkeiten und Fehler oder das, was wir dafür halten, genau zu betrachten. Dabei werden wir aber auch anderes in uns entdecken: Mut, Mitgefühl, Liebe und Freude.

Es wird nicht darum gehen, dass wir in Zukunft einem Ideal entsprechen. Wenn in der Lehre des Buddha davon die Rede ist, dass die eigenen Erfahrungen im Mittelpunkt stehen sollen, so heißt das, dort zu beginnen, wo wir uns im Moment gerade befinden – ganz egal, ob wir uns für gute oder schlechte Menschen halten. Wir schauen genau hin, was da in uns vor sich geht, und dies so, dass wir uns nicht bewerten und schon gar nicht verurteilen.

Diese Haltung des unvoreingenommenen Sehens zu üben ist nicht nur am Anfang des buddhistischen Weges wichtig. Sie wird in Zukunft unsere ständige Begleiterin sein sowohl in der Meditation als auch im Alltag. Ein zentrales Anliegen des Buddhismus ist es, die Wirklichkeit so, wie sie ist, ohne alle Wertungen, zu erfahren und zu erkennen. Dafür brauchen wir aber die Fähigkeit und den Mut, sie direkt anzuschauen. Daher ist es sehr wichtig, dass wir zuerst lernen, unsere Entdeckungen weder zu beschönigen noch zu verdrängen oder gar zu ignorieren.

Lang gehegte Gewohnheiten sind wie Himbeer- oder Brombeerranken: Sie treiben lange Triebe, schlagen ständig neue Wurzeln, sind extrem widerstandsfähig und haben obendrein noch Stacheln. Wir müssen also Langmut und enorme Geduld aufbringen, um die Sträucher zu bändigen. Dann kann die darunter schlummernde Blütenpracht zum Vorschein kommen.

Mit dem Buddha-Zustand, dem Erwachen, verhält es sich wie mit diesen Blumen: Er ist in uns angelegt. So wie die Blumen nicht ans Licht kommen können, weil sie von den Dornensträuchern verdeckt sind, so können wir erst zur Wahrheit erwachen, wenn wir all unsere Wertungen, Vorurteile und Weltbilder abgestreift haben.

In der buddhistischen Tradition nennt man diesen bereits vorhandenen Buddha-Zustand auch Buddha-Natur, die, wie es heißt, allen Lebewesen innewohnt.

Man könnte sie vereinfacht als unseren grundsätzlich guten Kern beschreiben, den wir alle haben, eine Art natürliches Gutsein, das nur vorübergehend von Fehlern verdeckt ist, so wie die Sonne gelegentlich hinter Wolken verschwindet. Auch wenn uns diese Fehler Leid bringen, sie gehören nicht zu unserem wahren Sein.

Die im vorherigen Kapitel erwähnte Aufmerksamkeit und die Offenheit oder Raumhaftigkeit sind Ausdrucksweisen dieser Buddha-Natur. Dieser Ansicht voll und ganz zu vertrauen mag im Moment vielleicht nicht so einfach sein. Aber unter Umständen ermöglicht Ihnen der Ansatz, dass Sie im Grunde schon Buddha sind, weniger streng mit sich umzugehen.

Der Kreis von Sichtweise, Meditation und Handlung

In diesem Buch beschäftigen wir uns vor allem mit buddhistischen Ideen und Haltungen sowie deren Anwendung im täglichen Leben. Meditationspraktiken sollen im Einzelnen nicht erläutert werden. Meditation wird hier in einem weiteren Sinn aufgefasst und angeleitet, nämlich als Methode, neue Ideen und Verhaltensweisen zuzulassen.

Das Verändern von inneren Haltungen, der Umgang mit neuen Ideen, das Nachdenken und Sichgewöhnen an neue Gedanken und deren Umsetzung im Alltag werden in der Lehre des Buddha als Prozesse betrachtet, die kreis- oder spiralförmig ablaufen. Davon war schon im Zusammenhang mit dem Achtfachen Pfad die Rede. Auch eine weitere Untergliederung der acht Aspekte des Pfades in die drei Punkte Anschauung, Meditation und Verhalten wurde schon erwähnt. Diese Dreiteilung des buddhistischen Pfades soll nun genauer betrachtet werden. Dabei folgen wir einer traditionellen tibetischen Bezeichnung der drei Punkte: Sichtweise, Meditation und Handlung.

Wir haben zu Beginn des Buches versucht, eine Definition der Lehre des Buddha zu finden. Sehr allgemein könnte man sagen, dass sie eine Art Weltanschauung (Sichtweise) mit einer Anleitung zur Selbsterkenntnis (Meditation) und ethischen Richtlinien (Handlungen) ist.

Der erste Aspekt ist also die Weltanschauung oder Sichtweise. Diese ist mehr als eine Meinung, sie ist eher ein Weltbild oder eine Überzeugung. Jeder Mensch hat sich ein Weltbild zurechtgelegt. Auf dem buddhistischen Weg geht es darum, dass wir unser Weltbild untersuchen. Macht es Sinn? Ist es logisch? Hält es einer kritischen Analyse stand? Gibt es etwas zu ergänzen? Kann die buddhistische Lehre uns da helfen? Kann sie eventuell unser bisheriges Weltbild erweitern oder ergänzen? Bietet sie uns möglicherweise ein ganz anderes Weltbild, mit dem wir experimentieren könnten: Was passiert, wenn wir erkennen, dass die Welt ganz anders ist, als wir immer dachten? Wir spielen dann gleichsam eine andere Weltsicht durch und beobachten deren Wirkung auf uns.

Den zweiten Aspekt, Meditation, kann man als Selbstversuch betrachten. Man probiert die Weltanschauung des Buddhismus vielleicht einmal an sich selbst aus, indem man bestimmten vorgegebenen Meditationsmethoden folgt. Man lässt die neue Weltsicht damit wirklich an sich heran. Dann kann man beobachten: Zu welchen Ergebnissen komme ich? Was kann ich als richtig übernehmen, was kann ich möglicherweise nicht nachvollziehen? Man experimentiert und versucht so, die in der ersten Phase quasi als Theorie angenommene Weltsicht nun direkt zu erfahren.

Der dritte Aspekt ist das Handeln. Das Hinterfragen der bisherigen Anschauungen und die in der Meditation gewonnenen neuen Erfahrungen und Erkenntnisse, die aus mehreren kleineren Einsichten bestehen können, werden sich auch auf das Handeln in der Welt auswirken. Das heißt, wenn sich mein Weltbild verändert, werde ich mich auch im Alltag anders verhalten als bisher. Eine andere Weltsicht drückt sich also durch ein verändertes Tun aus. Vielleicht können Sie sich dies an einem Beispiel verdeutlichen: Sie haben gehört oder gelesen, dass man Menschen mit grünen Augen nicht trauen sollte, da sie andere übers Ohr hauen. Sie glauben das, und es wird Ihre Sichtweise. Eines Tages spricht Sie eine Person mit grünen Augen vor einem Fahrscheinautomaten an und fragt, ob Sie einen Geldschein wechseln können. Nun sind Sie also mit einer konkreten Situation konfrontiert, die Sie erspüren und fühlen können. Das entspricht der Phase der Meditation. Leider können Sie der grünäugigen Person nicht unvoreingenommen entgegentreten. Sie sind nicht offen für die Begegnung und die Bitte. Ihre Überzeugung spielt Ihnen einen Streich: »Vorsicht! Hüte dich vor Menschen mit grünen Augen.« Sie sind unsicher, fühlen sich bedrängt oder bedroht und verschließen sich. Dementsprechend werden Sie handeln: Sie schütteln nur stumm den Kopf oder sagen vielleicht noch: »Nein, ich kann nicht wechseln.« Sie machen sich noch nicht einmal die Mühe, nachzuschauen, ob Sie nicht doch genügend Münzen in der Tasche haben. Ihre Sichtweise hat es Ihnen also unmöglich gemacht, für die konkrete Situation offen zu sein. Sie verhalten sich ablehnend und abweisend. Sie berauben sich selbst der Möglichkeit zu einem freundlichen Austausch und stoßen die andere Person vor den Kopf.

Wir alle haben viele solcher Anschauungen, Überzeugungen und Vorurteile. Weil diese sich so verheerend auf unser zwischenmenschliches Verhalten auswirken, versucht der Buddhismus sie aufzulösen, was aber nicht immer einfach ist. Ein tieferes Verständnis der drei Aspekte Sichtweise, Meditation und Handlung kann da hilfreich sein.

Die Sichtweise

Viele Menschen wollen nicht wahrhaben, dass sie eine bestimmte Weltanschauung besitzen. Wir sind uns oft gar nicht im Klaren darüber, wie sich unser Weltbild zusammensetzt: aus Berichten in der Zeitung und aus dem Fernsehen, aus Erzählungen von Freunden und Bekannten oder aus eigenen Erfahrungen. Was bewerten wir eigentlich als wahr? Es gibt Menschen, die sofort gegen jede religiöse Autorität aufbegehren, wohingegen sie wissenschaftliche Erkenntnisse wie Glaubenssätze hinnehmen. Wir alle haben ein Weltbild, das unser Denken und Handeln bestimmt. Und dieses Weltbild beeinflusst uns viel mehr, als wir das gemeinhin bemerken. Der meisten unserer Sichtweisen, Einstellungen oder inneren Haltungen sind wir uns gar nicht bewusst. Erst wenn jemand anderer Meinung ist als wir, die Dinge anders sieht und deshalb auch anders handelt, als wir es täten, fällt uns ein Unterschied auf.

Der buddhistische Ansatz erfordert, dass wir unser gesamtes Weltbild auf den Prüfstand stellen. Damit gehen eine ganze Reihe unbequemer Fragen einher: Womit identifiziere ich mich eigentlich? Was genau meint das, wenn ich sage, dies spürt mein Körper, dies empfinde ich mit meinen Gefühlen, das sagt mir mein Verstand? Alle diese Dinge ändern sich ständig: Mein Körper altert, meine Gefühle schwanken, mein Denken pulsiert – bin ich die Veränderung? Gibt es noch etwas anderes als das? Und die Welt um mich herum: Was ist das eigentlich? Die Physik behauptet, dass sie letztlich nur aus winzigen Energieteilchen besteht, die sich in bestimmten Mustern bewegen.

Solche und ähnliche Fragen führen uns schließlich dazu, nach dem Sinn des Lebens zu suchen. Was ist wirklich wichtig im Leben? Worum geht es eigentlich? Wer bin ich, wo stehe ich, und wohin möchte ich gelangen?

Die Lehre des Buddha bietet Möglichkeiten an, diesen Fragen nachzuspüren. Aber vor allem gilt es auch hier, den eigenen Standpunkt zu klären: Was ist für mich ein spirituelles Ziel? Wie komme ich dorthin? Was ist meine Ausgangsposition? Bin ich von Natur aus gut oder schlecht?

Im Buddhismus beschäftigt uns die Frage: Wie wird ein gewöhnlicher Mensch zu einem erwachten Wesen, zu einem oder einer Buddha? Es gibt zwar innerhalb der zahlreichen Ausformungen des Buddhismus verschiedene Anschauungen und Ansätze, doch gemeinsam ist allen Richtungen ein Gedanke: Das Festklammern an einem nur scheinbar existierenden Ich muss aufgegeben oder durchschnitten werden.

In der Tradition, der ich angehöre, gelten folgende Grundsätze: Der Mensch ist von Natur aus gut und verfügt über alle erdenklichen guten Qualitäten. Leider sind diese oft verdeckt, so dass wir sie nicht wahrnehmen können. Wir spüren nicht die Fülle unserer inneren Möglichkeiten und glauben daher, dass wahres Glück nur außerhalb unserer Person zu finden ist. Es muss jemand, der oder die diesen Reichtum wahrnimmt, von außen an uns herantreten und uns darauf hinweisen. Erst dann können wir damit beginnen, diesen Schicht für Schicht freizulegen. Schließlich wird unser volles Potential sichtbar und nutzbar. Der Reichtum der guten Qualitäten wird als Erleuchtung erfahren, und sein Nutzen ist das spontane Wirken zum Wohle aller Lebewesen.

Die Meditation

Meditation wird im Buddhismus nicht als isolierte Übung gesehen, die gleichsam im luftleeren Raum stattfindet. Sie ist kein Selbstzweck, sondern in bestimmte Zusammenhänge eingebettet. Meditation ist die zentrale Methode, die der Buddha lehrte. Ein Buddhist, der nicht meditiert – das kann man sich kaum vorstellen. Doch was heißt »meditieren«?

Es gibt viele verschiedene Arten von Meditation: stille Meditation, Meditation auf Objekte, Meditation, in der bestimmte Punkte analytisch untersucht werden, Meditation mit inneren Bildern, mit Rezitation und Musik, Meditation in Aktion und die Gehmeditation.

Jeder Typ von Meditation verfolgt einen bestimmten Zweck, eine Art Etappenziel auf dem Weg zur Erleuchtung. Man könnte auch sagen, dass sich unterschiedliche Menschen von verschiedenen Arten der Meditation angezogen fühlen.

Im Allgemeinen verbindet man Meditation mit innerer Ruhe und Entspannung. Und es stimmt, dass sie eine gewisse innere Ruhe und geistige Stabilität voraussetzt. Aber buddhistische Meditation ist mehr als eine Entspannungsübung, und nicht jede Meditationsform führt automatisch zu Ruhe und Ausgeglichenheit.

Wir haben schon gehört, dass wir auf dem buddhistischen Pfad alte Gewohnheiten aufgeben müssen, dass es um ein Durchschneiden des Egoismus geht und dass Aufwachen nicht nur angenehm ist. Dies gilt auch für buddhistische Meditationsformen, die ja gerade den Zweck haben, uns aus unserem Dämmerzustand herauszureißen. Manche Arten der Meditation können aufwühlen und irritieren, weil sie alte Gewohnheiten sichtbar machen, die abgeschnitten werden müssen.

Weil jeder unter Meditation etwas anderes versteht, ist es auch nicht so, dass jede Meditation an sich gut ist. Vom buddhistischen Standpunkt aus muss man sogar sagen, dass man falsch meditieren kann. Das bedeutet, dass die Meditation falsch ausgerichtet sein kann. Sie kann zu ichbezogen sein oder zu verkrampft und mit zu viel Ehrgeiz praktiziert werden.

Von großer Bedeutung ist auch, wie man in der Meditation mit Gedanken umgeht, die automatisch im Geist aufsteigen.

Will man sie beispielsweise wegschieben oder unterdrücken? Versucht man, sich mit Gewalt zu konzentrieren? Bemüht man sich vielleicht, die geistige Aktivität zu dämpfen wie ein Radio, das man leise stellt? Oder schwelgt man in der Erfahrung der Ruhe mit dem Gedanken im Hinterkopf: »Wie toll ich doch heute meditieren kann!« All das wäre falsch.

Ebenso ist es wichtig, die Meditationserfahrung zu reflektieren: Ist Meditation für mich Arbeit oder Vergnügen? Empfinde ich sie als ernst und heilig oder als normal und alltäglich? Solche Einstellungen gilt es wahrzunehmen, denn sie beeinflussen die Meditation.

Meditation ist präzise und das zentrale Instrument, das zur Einsicht in die Natur der Dinge, das meint die letztendliche Wahrheit, führen kann. Mittels der Meditation kann das Wunder erkannt werden, dass die Dinge »leer« sind, das heißt nicht aus sich selbst heraus existieren, und doch gleichzeitig klar und lebendig in Erscheinung treten.

Um den Boden für eine solche Einsicht zu bereiten, ist eine gewisse Ausrichtung der geistigen Aktivität nötig. Dadurch wird der Geist ruhiger. Dennoch bringen Ruhe oder das Innehalten des Gedankenflusses an sich noch keinen Nutzen für das Erwachen. Sie sind eher eine Art Nebenwirkung der meditativen Arbeit. Es ist vielmehr die richtige Balance aus Konzentration und Energie, aus Einsicht und Loslassen, die die Basis für das Einsichtsvermögen bildet. Dies sollten Sie beherzigen, bevor Sie sich mit buddhistischer Meditation beschäftigen.

Weil man bei der Meditation vieles auch falsch machen kann, ist es sehr wichtig, dass Sie sich von qualifizierten Personen in die buddhistische Meditation einführen und auch weiterhin betreuen lassen. Kontaktadressen finden Sie im Schlussteil des Buches. Ferner ist es ratsam, sich mit Gleichgesinnten auszutauschen. Dann kann man sich auch gegenseitig unterstützen.

Die Handlung

Im Buddhismus gibt es, ähnlich wie in anderen Religionssystemen, bestimmte ethische Richtlinien, die zum Beispiel besagen, dass man nicht töten oder stehlen soll. Diese sind als Ideale gedacht und lassen sich vereinfacht so zusammenfassen: Es geht darum, andere Wesen, einschließlich der eigenen Person, zu respektieren, zu achten und nicht zu verletzen, weder körperlich noch verbal. Angestrebt wird eine liebevolle und mitfühlende Haltung allen Wesen gegenüber.

Natürlich bemühen sich Buddhisten um ein solches Handeln. Aber wir gehen hier davon aus, dass sich in uns die Tendenz zu einer freundlichen und wohlwollenden Haltung quasi von allein verstärkt, je stärker unsere in der Meditation gewonnenen Einsichten werden.

Meine Sichtweise oder innere Haltung bestimmt, was ich grundsätzlich für möglich erachte, für wen oder was ich mich selbst halte und wie ich die Welt um mich herum bewerte und einteile. Meine Sicht der Dinge bestimmt auch, wie ich mich der Meditation annähere und wie ich das, was in der Meditation vor sich geht, einschätze und beurteile.

Meine Überzeugung wirkt sich natürlich auch auf mein Handeln aus. Identifiziere ich mich übermäßig mit meiner Weltanschauung, werde ich aggressiv, wenn jemand sie kritisiert oder grundsätzlich in Frage stellt. Identifiziere ich mich zu sehr mit meinem Aussehen, wende ich einen Großteil meiner Zeit und meiner Finanzen für Kosmetik und Körperpflege auf. Die Tatsache, dass ich älter werde, kann dann eine Krise bei mir auslösen. Definiere ich mich über ein Statussymbol wie ein Auto, kann ein Kratzer am Kotflügel zu einer mittleren Katastrophe werden.

Wie verhält sich nun ein oder eine Buddha? Ein Buddha, so heißt es, wirkt stets spontan zum Wohle der Wesen. Eine erwachte Person muss also nicht lange überlegen und abwägen, ob es Sinn für sie macht, freundlich zu sein. Ein oder eine Buddha reagiert auf jede Situation angemessen und auf eine Weise, die von ganz allein zum Besten der Lebewesen ist.

Wenn wir als noch nicht erwachte Wesen allerdings davon sprechen, spontan gehandelt zu haben, sind wir in Wirklichkeit meist nur einer Gewohnheit gefolgt. In unserem Fall bedeutet spontan also eher so viel wie automatisch. Besonders in der Jugend gelten spontane Gefühlsäußerungen als echt und ehrlich. Wer überlegt, bevor er reagiert, wird schnell als spießig und verklemmt abgestempelt. Wenn mich jemand beleidigt, werde ich sauer und zeige das auch: Ich schimpfe zurück oder schlage vielleicht sogar zu. Das ist wohl kaum ein Verhalten, das zum Wohle der Wesen wirkt. Das ist purer Automatismus. Ich handle aus einer Haltung der Ichbezogenheit heraus. Mein Ich ist empört: »Wer wagt es da, mich zu beleidigen? Das kann ich nicht zulassen, das muss geahndet werden!«

Auch ein Buddha muss eine Beleidigung nicht passiv hinnehmen. Er oder sie kann die betreffende Person durchaus darauf hinweisen, dass sie nicht richtig gehandelt oder ihre Sprache als Waffe benutzt hat. Ein Buddha hat ja kein falsch verstandenes Ich, das scheinbar verteidigt werden muss, und deshalb hat er oder sie es auch nicht nötig, wie wild um sich zu schlagen. Wahre Spontaneität wird also durch Ichzentriertheit verhindert und verkommt zu bloßem Automatismus. Deshalb ist es für uns ratsam, nicht blind zu reagieren und den uralten, eingefahrenen Wegen zu folgen. Stattdessen sollten wir brenzlige Situationen einen Moment auf uns wirken lassen, bevor wir etwas in die Welt zurücksenden. Die Beschäftigung mit der Sichtweise und ihr Einüben in der Meditation werden uns dabei helfen.

Die drei Aspekte in Wechselwirkung

Wir haben schon gesehen, dass sich die drei Aspekte von Sichtweise, Meditation und Handlung durchdringen und einander bedingen. Im Grunde können wir bei jedem der Aspekte beginnen und dann betrachten, wie er die beiden anderen beeinflusst.

Schauen wir uns beispielsweise den Aspekt der Handlung an: Wird mein Verhalten den Mitmenschen gegenüber offener und freundlicher, trage ich weniger Groll mit mir herum. Dann gelingt es mir vielleicht, eher zu sehen, dass auch die anderen einen Schatz guter Qualitäten in sich haben. Wie mein eigener innerer Reichtum ist auch der der anderen nur vorübergehend verdeckt. Diese Einsicht entspricht der buddhistischen Sichtweise, dass alle Wesen die Buddha-Natur bereits in sich tragen. Hiermit sind wir also schon beim zweiten Aspekt angelangt.

Je plausibler diese Sichtweise für mich wird, desto mehr kann ich mich auch meditativ auf sie einlassen. Weil mir klar geworden ist, dass alle Wesen in ihrer potentiellen Buddhaschaft gleich sind, gelingt es mir auch eher, die Unterscheidung in Freund und Feind loszulassen und für alle Wesen Mitgefühl zu empfinden. Damit sind wir beim dritten Aspekt angelangt. Durch die Meditation lockert sich mein Festklammern an ein vermeintlich notwendiges Ich, und ich brauche dieses nicht mehr so vehement zu verteidigen. Damit sind wir wieder bei der Handlung, und der Kreis schließt sich.

Von meinem Weltbild hängt es also ab, wie ich an die Meditation herangehe, und dementsprechend bewerte ich sie auch. Andererseits kann das, was ich in der Meditation erfahre, mein Weltbild zumindest färben oder sogar nachhaltig verändern. Von meiner Sicht der Dinge ist abhängig, welches Verhalten ich an den Tag lege, das heißt, dass mein Weltbild meine Handlungen beeinflusst. Und über mein eigenes Handeln reflektiere ich auch später noch, was wiederum mein Denken und meine Sicht der Dinge beeinflusst. Sichtweise, Meditation und Handlung hängen also von einander ab und bedingen sich wechselseitig.

Der Prozess läuft nicht immer in dieser klaren Struktur ab, die wir eben beschrieben haben. Man arbeitet in Wirklichkeit auf allen drei Ebenen gleichzeitig, und die jeweiligen Auswirkungen durchdringen einander.

In diesem Buch liegt der Schwerpunkt auf der Sichtweise. Dennoch kommen die beiden anderen Aspekte auch zum Tragen. Dies ist ja unvermeidlich, wie wir gerade gesehen haben. Außerdem wird die Sichtweise hier so praktisch und alltagsnah wie möglich präsentiert. Es ist sozusagen eine Sichtweise zum Ausprobieren.

Buddhistische Sichtweisen als Hilfe im Alltag

Inwiefern können Ihnen buddhistische Sichtweisen helfen, Ihren Alltag zu meistern? Hierfür seien einige Beispiele angeführt: Habe ich verinnerlicht, dass alles stets im Wandel ist, werde ich von unvorhergesehenen Ereignissen weniger leicht aus der Bahn geworfen. Mein Auto springt nicht an, die Toilette ist verstopft, ein Teller geht kaputt: Anstatt mich unnötig aufzuregen, könnte ich ganz ruhig nach der besten Lösung in der jeweiligen Situation suchen.

Wenn ich davon überzeugt bin, dass alle Wesen das Potential zur Buddhaschaft haben, was heißt, dass alle Wesen von Natur aus Buddha sind, bedeutet das auch, dass alle gleich gut sind. Kein Politiker dieser Welt kann mir dann einreden, dass Menschen anderer Nationen, Religionszugehörigkeit oder Hautfarbe grundsätzlich anders oder sogar minderwertig sind.

Die buddhistische Lehre spricht immer von »Lebewesen«, nicht nur von Menschen. Es heißt, dass alle Lebewesen dieses Potential haben. Wenn ich dies annehme – vielleicht zunächst nur als Arbeitshypothese –, dann werde ich davon Anstand nehmen, vorsätzlich weder Tiere noch Menschen zu töten.

Habe ich das Festklammern an ein Ich schon etwas gelockert, kann ich viel besser und konstruktiver mit Kritik an meiner Person umgehen. Ich muss mich nicht mehr um jeden Preis verteidigen und bin somit in der Lage, auf Kritik sachlicher zu reagieren. Möglicherweise muss ich mich selbst nicht mehr so fürchterlich ernst nehmen und kann sogar ein wenig über mich lachen.

Wenn ich verstanden habe, dass es im Leben viel mehr Spielraum gibt, als ich bisher dachte, traue ich mir auch einmal zu, die ausgetretenen Pfade zu verlassen und etwas Neues zu wagen. Das kann mir zu neuen Lebenserfahrungen und Impulsen verhelfen.

Mittels der Beispiele in den Abschnitten »Üben mit Situationen« im zweiten Teil des Buches können Sie überprüfen, ob das buddhistische Weltbild für Ihren Alltag tauglich ist. Sie werden sich auch Ihres bisherigen eigenen Weltbildes bewusster. Ein kleines »Aha-Erlebnis« hier und da kann schon zu einer leichten Veränderung von starren Haltungen und eingefahrenen Gewohnheiten führen. Das ermöglicht Ihnen, offener auf andere Menschen und Situationen einzugehen. Und plötzlich eröffnen sich neue Perspektiven, und Sie reagieren vielleicht ganz anders als erwartet.

Stationen auf dem Weg zum Erwachen – Ihre persönliche Entdeckungsreise

Sie sind bereit, auf Entdeckungsreise zu gehen, wissen aber nicht so recht, welche Richtung Sie einschlagen sollen? Sie fragen sich vielleicht: »Wo gibt es denn etwas zu entdecken? Und wie soll man das unentdeckte Land finden?« Vertrauen Sie den Anregungen und Anleitungen, die Ihnen die Lehre des Buddha geben kann. Im zweiten Teil dieses Buches finden Sie solche Hinweise, wo und wie Sie etwas entdecken können.

Diese Reisebeschreibung ist in zwölf Wochenetappen eingeteilt. In jeder Woche bekommen Sie Anleitungen, worauf Sie achten sollten und wie Sie die dadurch gemachten Beobachtungen für Ihren Weg zum Erwachen nutzbar machen können.

In der ersten Woche beschäftigen wir uns mit der Tatsache, dass alles ständig im Wandel ist. Damit beginnt unsere Reise. Das, was Prinz Siddhartha so tief betroffen hat, dass er ein neues

Leben begann, werden auch wir genauer unter die Lupe nehmen. Wenn Sie die Botschaft der Unbeständigkeit aller Dinge wirklich an sich heranlassen, kann etwas Neues entstehen. Möglicherweise sehen Sie die Welt dann mit anderen Augen. Die Botschaft der Vergänglichkeit ist sehr stark und kann große Auswirkungen haben. Hat man sie wirklich verstanden, verändern sich möglicherweise die Prioritäten, die man im Leben setzt. »Was hat im Leben denn noch Sinn, wenn alles vergänglich ist?«, möchte man vielleicht fragen. Für Siddhartha bedeutete diese Botschaft den Beginn eines neuen Lebensabschnittes: Er machte sich auf die Suche nach der Überwindung des Leidens. Wer weiß, welche Konsequenz Sie aus der Beschäftigung mit der Vergänglichkeit ziehen?

Selbst wenn Sie schon unterwegs sind, Ihre Reise also schon begonnen hat, ist es nicht immer einfach, richtig hinzusehen. Manchmal braucht man ein Fernrohr, ein anderes Mal ein Mikroskop, um die gesuchten Objekte zu erkennen. Außerdem muss man auch wissen, in welcher Himmelsrichtung man suchen soll und ob man nach oben oder nach unten schaut. Ein wichtiger Aspekt des buddhistischen Weges ist daher die Schulung der Aufmerksamkeit und das Richten derselben auf bestimmte Gebiete. Der Buddha zeigte uns, was wir in Augenschein nehmen sollen. Seinen Hinweisen folgend, betrachten wir in den nächsten drei Wochen den Atem, körperliche Empfindungen sowie allgemein alle unsere Sinneswahrnehmungen.

Der erste Schritt besteht darin, dass wir wahrnehmen. In der Hektik des Alltags und aus Gewohnheit übersehen wir sehr viel. Der Buddha fordert uns auf, genau hinzusehen, denn wie oft übersehen wir das Wunderbare oder ignorieren Wahrheiten. Wir nehmen immer nur Ausschnitte wahr, und selbst die sind gefärbt von unserer Art des Sehens. Wir üben uns also zunächst im aufmerksamen Beobachten. Dabei werden Sie immer wieder auf Gelegenheiten stoßen, Ihre bisherigen Gewohnheiten zu durchschauen und möglicherweise auch zu ändern.

Denn unsere bisherige Sichtweise hat uns nicht zum Erwachen geführt. Wenn wir nach Erwachen und Erkenntnis streben oder einfach danach, mit uns selbst in Einklang zu sein, dann müssen wir etwas ändern. Wir werden an einer späteren Stelle ausführen, was das ist und wie es geschehen kann. Das wäre der zweite Schritt nach dem bloßen Wahrnehmen.

In der fünften Etappe untersuchen wir unser Schubladendenken, unsere Bewertungen und Einteilungen. Wir lernen zu bemerken, wie wir alle Eindrücke zunächst in drei große Schubladen aufteilen: in das, was uns angenehm, unangenehm und weder das eine noch das andere ist. Weiterhin wird Thema sein, wie willkürlich und veränderlich dieses Einteilen ist.

Dieses Schubladendenken und andere ungute Varianten der Voreingenommenheit insbesondere im Umgang mit unseren Mitmenschen wird das Thema der sechsten Woche sein. Das Ziel ist ja eine vorurteilsfreie und offene Haltung allen Dingen und Wesen gegenüber. Da ist schon eine gewisse Übung erforderlich.

Danach betrachten wir ein großes Hindernis auf dem Weg zum Erwachen: die Macht der Gewohnheit. Wie wir diese Klippe umschiffen können, werden wir in der siebten Woche besprechen.

Auch die achte Woche ist spannend. Wir beschäftigen uns dann mit unserem ständigen inneren Selbstgespräch, mit dem inneren Dialog. Die Faszination am Denken kann nämlich auch zu einem Problem werden. Verschiedene Lösungsvorschläge werden dazu angeboten.

Die neunte Etappe besteht aus einer noch intensiveren Analyse unserer Sichtweisen. Von den Sichtweisen war schon oft die Rede. Hier üben wir, andere Perspektiven einzunehmen.

In der zehnten Woche nehmen wir unter die Lupe, womit wir uns normalerweise identifizieren und untersuchen, welche Probleme daraus entstehen.

In der elften Woche besuchen wir ein Theater – unser eigenes, und wir betrachten unseren Auftritt darin. Gleicht das Leben nicht mitunter einem Theaterstück? Es stellt sich allerdings die

Frage, ob wir darin Autoren, Regisseure oder Schauspieler sind – oder vielleicht alles zusammen? Zunächst untersuchen wir, welche Rollen wir spielen und ob wir vielleicht auch einmal aus der Rolle fallen können.

Dies hat wieder Bezug zu einer Veränderung der Sichtweise. Wo bisher Starrheit war, könnte nun Dynamik wirken.

In der letzten Woche führen wir dieses Thema noch weiter. Wir lernen, unseren Spielraum wahrzunehmen. Dieser Spielraum ist viel größer als die von uns definierte begrenzte Theaterbühne. Neue Möglichkeiten tun sich auf.

Mit der Aussicht, dass es noch viel mehr zu sehen und zu entdecken gibt, endet unsere gemeinsame Entdeckungsreise in diesem Buch.

Teil 2

Übungen für den Alltag

Hinweise zur Gestaltung Ihrer Entdeckungsreise

Nun wird es ernst. Die Entdeckungsreise beginnt. Wie soll sie sich gestalten?

Zu Beginn der Reise möchte ich Sie um etwas Wichtiges bitten: Lassen Sie sich Zeit!

Bitte lesen Sie das Buch nicht in einem Anlauf durch. Die Reise zum Erwachen ist kein Tagesausflug! Sie werden diese Zeit benötigen, um die neuen Gedanken, die während der Lektüre auftauchen, verarbeiten zu können.

Bitte planen Sie für jedes Kapitel mindestens eine Woche ein. Natürlich werden die beschriebenen Situationen nicht brav in der von mir festgelegten Reihenfolge auftreten, sondern wie eh und je spontan und unerwartet auftauchen. Dennoch ist es sinnvoll, jeweils einen bestimmten Aspekt herauszugreifen, und sich dann für die nächste Zeit, das heißt hier für mindestens eine Woche, darauf auszurichten und besonders zu konzentrieren. Denn es ist sehr schwierig, in jedem Augenblick auf alles zu achten. Nun möchte ich Ihnen die zwölf Etappen der Reise vorstellen.

Jedes Kapitel beschäftigt sich mit einem bestimmten Aspekt der buddhistischen Lehre und wird Ihnen helfen, sich ihm von verschiedenen Seiten anzunähern.

Die Anordnung der Kapitel folgt einer Bewegung vom Gröberen zum Feineren. Je mehr Ihre Aufmerksamkeit geschult wird, desto entschiedener kann auch Ihr Hinterfragen von bisher als selbstverständlich hingenommenen Sachverhalten werden. Man muss also immer genauer hinsehen. Daher ist es sinnvoll, dem Aufbau des Buches zu folgen.

Sollten Sie bereits in der Meditation geübt sein, ist es aber durchaus möglich, die Kapitel in der Reihenfolge zu bearbeiten, die Ihnen selbst richtig erscheint.

In jedem Kapitel finden Sie einen bestimmten Aspekt der buddhistischen Lehre in konzentrierter Form erklärt. Nur wenn Sie sich genügend Zeit geben, kann sich die Bedeutung des Gelesenen nach und nach in Ihnen entfalten. Auch der erste Teil des Buches, den Sie gerade gelesen haben, mag manches enthalten, was sich bei Ihnen erst einmal setzen muss. Lesen Sie die entsprechenden Abschnitte ruhig mehrmals durch.

Jedes Kapitel hier im zweiten Teil bietet konkrete Übungen für den Alltag. Es sind immer einige Situationen vorgegeben. Aber natürlich gibt es unzählige andere Situationen, in denen Sie Ähnliches erleben können. Die genannten Beispiele sind nur als Anregung für Ihre eigene Entdeckungsreise gedacht. Ihrer Fantasie sind dabei keine Grenzen gesetzt.

Es ist hilfreich, ein Tagebuch zu führen oder sich zumindest gelegentlich Notizen zu machen. Vielleicht haben Sie ja Lust, ein Entdeckungsreise-Tagebuch zu führen. Dort können Sie alles aufschreiben, was Ihnen zu den Kapiteln einfällt, was Sie zum ersten Mal bemerken, worauf Sie achten wollen, wie Sie sich dabei fühlen und vieles mehr – eben alles, was ein Forscher auf einer Abenteuerreise notieren möchte. Das Aufschreiben fördert die bewusste Auseinandersetzung mit den Themen. Es sollte Sie aber nicht dazu verleiten, sich selbst in Ihren Bemühungen zu bewerten und zu beurteilen. Bitte denken Sie immer daran, mit sich selbst freundlich und geduldig umzugehen.

Hören, Nachdenken und Meditieren

Der innere Aufbau der einzelnen Kapitel folgt einer traditionellen Struktur, die ich Ihnen im Folgenden kurz erklären möchte. Das Aufnehmen der buddhistischen Lehre erfolgt nämlich in drei Schritten: durch Hören, Nachdenken und Meditieren.

Hören

Zu Zeiten des historischen Buddha und noch Jahrhunderte später wurden in Asien die buddhistischen Lehren ausschließlich mündlich weitergegeben. Heutzutage haben wir Zugang zu viel mehr Informationsquellen wie Büchern, Fernsehen, Radio und Internet. Informationen über den Buddhismus, ja sogar Anleitungen zur Meditation kann man in einem Buch oder im Internet finden. Diese Tatsache hat aber die Bedeutung des gesprochenen Wortes nicht wirklich verringert. Sicher haben Sie schon einmal erfahren, dass das Miterleben eines Vortrags oder die persönliche Beteiligung an einer Diskussion eine ganz andere Wirkung auf Sie hatte als die Lektüre eines Buches zum gleichen Thema zu Hause auf Ihrem Sofa.

Es ist allgemein bekannt, dass bei einem Gespräch von Person zu Person nicht nur verbale Kommunikation, sondern auch ein Austausch auf psychischer oder emotionaler Ebene stattfindet. Auch in der heutigen Zeit ist ein persönliches Gespräch und eine persönliche Anleitung für die Meditation im Buddhismus von ganz wesentlicher Bedeutung. Die buddhistischen Lehren werden dabei als etwas Lebendiges aufgefasst, das sich erst in der persönlichen Begegnung ganz entfalten kann.

Mit einem Buch kann man sich an diese Form der Kommunikation nur annähern. Ich versuche dies zum Beispiel dadurch, dass ich Sie als Leser oder Leserin direkt anspreche.

»Hören« meint hier, dass Sie eine kurze Erläuterung zum Thema und Hinweise darüber bekommen, worauf es in den Übungen des jeweiligen Kapitel ankommt.

Dies findet sich im Abschnitt »Hintergrund« und ist so einfach und knapp wie möglich formuliert. Ein wenig Theorie ist nötig, sonst bleibt alles zu vage und Sie erfahren nicht, was die Übungen bezwecken sollen.

Nach der Lektüre des Abschnittes »Hintergrund« rate ich Ihnen, eine kleine Pause zu machen und sich die Gedanken, die in Ihnen entstehen, zu notieren.

Nachdenken

Um sich mit dem Gehörten oder Gelesenen auseinander setzen zu können, muss man es vorher auf sich wirken lassen und man muss es verdauen. Dieser Schritt kommt oft zu kurz, besonders in unser schnelllebigen Zeit. Tagtäglich rollt eine ganze Lawine von Informationen über uns hinweg.

Mit vielen Dingen wollen wir uns nicht intensiver befassen, weil unsere Zeit nicht auszureichen scheint oder uns ein oberflächliches Wissen genügt. Diese Einstellung sollten Sie gegenüber der Lehre des Buddha nicht haben, denn die Inhalte erfordern schon ein wenig Zeit und Geduld.

Das Wesentliche und Besondere im Buddhismus ist, dass man selbst auf Entdeckungsreise geht, eigene Erfahrungen macht, selbst untersucht, ob das zutrifft, was man gehört oder gelesen hat.

In dem hier erläuterten Abschnitt finden Sie Anregungen, wie Sie über buddhistische Inhalte nachdenken können. Nachdenken ist keine Frage der Zeit. Vielleicht nutzen Sie eine kleine Pause während einer Busfahrt oder eines Spaziergangs, um über einige Punkte, die in diesem Buch angesprochen werden, nachzudenken.

Wenn Sie sich intensiver mit der Lehre des Buddha beschäftigen wollen, sollten Sie allerdings ein wenig mehr Zeit investieren. Dann sollten Sie die Phasen des Nachdenkens ausdehnen und mit Ruhe in sich hineinhorchen. Dabei oder danach könnten Sie Ihre Einfälle und Gedanken in Ihrem Notizbuch aufschreiben.

Meditieren

Meditieren meint hier nicht, dass Sie sich auf ein Kissen setzen und ruhig werden sollen. Den dritten Schritt in dieser Abfolge kann man auch auffassen als ein Sichgewöhnen an das Gehörte oder Gelesene. Wir schaffen uns Raum oder Gelegenheiten, um uns an das, was wir gehört oder gelesen und durch

Nachdenken für richtig befunden haben, zu gewöhnen, es zu verinnerlichen.

In unserem Fall heißt das Folgendes: Das, was wir theoretisch als richtig erkannt haben, tragen wir nun in konkrete Situationen hinein. Man könnte auch sagen, dass sich das Nachdenken nun gewissermaßen im Alltag fortsetzt. Wir verbinden dabei die Theorie, die immer etwas abstrakt ist, mit dem täglichen Leben. Erst dann kann die Lehre des Buddha für Sie lebendig werden.

Der dritte Schritt wird in diesem Buch in den Abschnitten »Mit Situationen üben« behandelt. Hier bekommen Sie Hinweise, wie Sie Alltagssituationen dazu verwenden können, sich ganz unmittelbar mit buddhistischen Weisheiten vertraut zu machen.

Die in den einzelnen Kapiteln vorgegebenen Situationen sind als Vorschläge und Anregungen gedacht. Sie werden Ihrerseits sicher noch viele weitere Situationen erleben, in und mit denen Sie üben können.

1. Woche

Alles ist im Wandel – Auge in Auge mit der Vergänglichkeit

Der Hintergrund

»Alles ist vergänglich« – das ist eine zentrale Aussage des Buddhismus. Sie klingt vielleicht wie ein Allgemeinplatz und scheint alles andere als eine bahnbrechende neue Erkenntnis zu sein. Die Lehre des Buddha erinnert uns aber ständig daran, dass wirklich alles unbeständig ist, Gegenstände des Alltags, Lebensumstände und Jahreszeiten genauso wie unser Körper, unsere Gedanken und Meinungen. Entscheidend ist, welche Konsequenzen wir daraus ziehen und wie nahe wir dieses Wissen an uns heranlassen, da es schließlich auch unser eigenes Leben betrifft.

Nichts ist von Dauer, nichts hat Bestand, wir selbst müssen irgendwann sterben – dies steht fest. Andererseits sind wir immer wieder überrascht, bisweilen auch schockiert, wenn wir mit der Vergänglichkeit konfrontiert werden. Oft ignorieren wir die kleineren täglichen Veränderungen und fallen dann wie aus allen Wolken oder sind entsetzt, wenn eine große Veränderung scheinbar plötzlich eintritt: Kinder sind plötzlich erwachsen und ziehen aus dem Elternhaus aus, der Winter ist im Nu da und unsere Haare sind von einem Tag auf den anderen ganz grau geworden.

Den Gedanken an unsere eigene Vergänglichkeit verdrängen wir gern. Wir wollen nicht alt werden und schon gar nicht sterben.

Auch das, womit wir uns gemeinhin identifizieren, soll möglichst immer gleich bleiben. Wir verteidigen unseren Besitz, unseren Ruf, unsere Meinung, so als ob das alles festzuhalten wäre.

Aber es gibt auch andere Veränderungen, die wir begrüßen: eine Gehaltserhöhung, die wir unverhofft bekommen, dass wir nach einer Krankheit wieder gesund werden, dass der Frühling einem kalten Winter folgt. Dies kann uns meistens nicht schnell genug passieren.

Bei den Übungen in diesem Kapitel geht es zunächst darum, wahrzunehmen, wie sich alltägliche Gegebenheiten in unserem Leben wandeln können. Dann wollen wir in einem nächsten Schritt unsere Aufmerksamkeit auf unsere innere Einstellung zum Wandel richten. Meist versuchen wir, Veränderungen aufzuhalten oder sie gar zu beschleunigen, anstatt zu akzeptieren, dass sie ein wesentlicher Bestandteil unseres Lebens sind.

Der Sinn dieser Übung besteht nicht darin, dass wir uns angewöhnen, gleichgültig zu werden. Resignation ist hier fehl am Platze. Es geht vielmehr darum zu erkennen, wie sehr wir uns auf Dinge stützen und verlassen, die nicht von Bestand sind. Meistens verwenden wir auch viel Zeit und Kraft darauf, den Wandel und sein Tempo irgendwie kontrollieren zu wollen. Diese Zeit und diese Kraft sollten wir besser für Dinge nutzen, die wirklich wichtig sind. Wir können uns beispielsweise entspannt zurücklehnen, in die Weite des Himmels blicken oder mit anderen Menschen Freude teilen.

Zum Nachdenken

Nehmen Sie sich ein paar Minuten Zeit und lesen Sie die nachfolgenden Fragen. Die Antwortsätze sind nicht komplett. Sie können Sie hier im Buch ergänzen oder in Ihr Tagebuch schreiben.

In welchen Situationen berührt Sie die Unbeständigkeit aller Dinge am meisten? Vielleicht beim Abschiednehmen von lieben

Menschen, wenn eine Tasse kaputtgeht oder es draußen dunkel wird, weil der Tag vorbei ist?

Am meisten berührt mich die Unbeständigkeit allen Seins, wenn ....

....

In welchen Situationen sind Sie mit dem Tempo des Wandels einverstanden?

Mit dem Tempo des Wandels bin ich einverstanden, wenn ....

....

Wann sollen sich die Dinge schneller verändern, als sie es tun?

Ich wünschte, folgende Situationen würden sich schneller verändern: ....

....

In welchen Bereichen sollte lieber alles so bleiben, wie es ist?

Ich wünschte, Folgendes würde sich nie verändern: ....

....

Spüren Sie einen Wunsch oder erkennen Sie Ihr Bemühen, den Wandel der Dinge oder sein Tempo selbst bestimmen zu wollen? Wie fühlt sich dieser Drang an? Spüren Sie ihn vielleicht in Ihrem Körper?

Was passiert, wenn Sie versuchen, Ihn zu lockern? Tauchen eventuell Widerstände auf?

Es kann sinnvoll sein, sich zu diesen Fragen Notizen zu machen.

Nachdenken über den Tod

Nichts führt uns die Veränderung so drastisch vor Augen wie der Tod. Wer einen lieben Menschen verloren hat, empfindet tiefen Schmerz über den Verlust und benötigt Zeit, ihn zu verarbeiten. Eine buddhistische Erzählung kann uns hier vielleicht trösten.

Eines Tages kam eine verzweifelte Mutter mit ihrem toten Kind in den Armen zum Buddha, in der Hoffnung, er könne es wieder zum Leben erwecken. Sie war völlig außer sich vor Schmerz, denn die Familie liebte das Kind abgöttisch. Der Buddha beruhigte die Frau und gab ihr den Rat, von Haus zu Haus zu gehen und um Senfkörner zu bitten. Aber nur von Haushalten, in denen noch nie jemand gestorben war, sollte sie diese Körner annehmen und dann zu ihm bringen. Die Frau machte sich auf den Weg und fragte in vielen Häusern nach, aber sie fand kein Haus und keine Familie, in der nicht auch schon einmal ein Mensch gestorben war. Allmählich verstand sie die Botschaft des Buddha und fand sich mit dem Tod ihres Kindes ab, ja begriff ihn als Chance, Einsicht in die Vergänglichkeit zu gewinnen.

Wir überlassen es gern älteren Menschen, über den Tod nachzudenken. Der Gedanke an ihn drückt sich oft ungeschickt aus: »Lohnt es sich noch, dass ich mir einen neuen Kühlschrank anschaffe?« Die wirkliche Sorge bleibt unausgesprochen: »Vielleicht muss ich ja schon bald sterben.«

Nach der Lehre des Buddha finden Tod und Geburt in jedem Moment statt, unaufhörlich und überall. Der Tag weicht der Nacht, Blumen blühen und verwelken, Menschen und Tiere werden geboren, wachsen heran, werden alt und sterben.

Nehmen Sie sich nun ein wenig Zeit und denken Sie über folgende Fragen nach:

Wie oft denken Sie täglich daran, dass Sie sterben müssen?

Was würden Sie tun, wenn Sie wüssten, dass Sie nur noch ein Jahr zu leben hätten?

Was würden Sie in diesem Jahr noch tun wollen, und was würden Sie unterlassen, weil es Ihnen mit einem Mal nicht mehr wichtig erscheint?

Würden Sie beispielsweise weniger arbeiten, um mehr Zeit für Ihre Familie und Ihre Freunde zu haben, sich nicht so oft über Kleinigkeiten aufregen oder sich mehr an den schönen Momenten des Lebens erfreuen?

Bitte notieren Sie, was Ihnen dann am Wichtigsten wäre.

Fragen Sie sich, ob Sie einiges von dem, was Ihnen eingefallen ist, nicht schon jetzt in die Tat umsetzen können, denn niemand von uns weiß, wie groß seine Lebensspanne ist.

Nehmen Sie sich etwas vor:
Welche für Sie wichtigen Dinge werden Sie in nächster Zeit öfter tun? Schreiben Sie in Ihr Entdeckungsreise-Tagebuch:
Ich möchte ab sofort mehr auf Folgendes achten und öfter: ....

....

Mit Situationen üben

Alles ist alle

Sie wollen Kaffee trinken, aber es ist keine Milch mehr da. Sie brauchen das Auto, aber der Tank ist leer. Sie haben Durst, aber es ist kein Bier mehr im Keller. »Schon wieder ist nichts mehr da.« Gerade haben Sie erst eingekauft, getankt, nachgefüllt, und schon ist es wieder alle: das Klopapier, das Benzin, die Druckerpatrone, die Batterie in der Armbanduhr, die Marmelade, die Wurst. Das kann sehr ärgerlich sein. Aber Sie können solche Situationen auch dazu nutzen, um sich daran zu erinnern, dass alle Dinge unbeständig sind. Situationen wie diese können ein Signal für Sie sein zu erkennen: »Ja, das ist die Botschaft: Alles ist unbeständig!«

Sisyphos lässt grüßen

Sisyphos, der König von Korinth, wurde der griechischen Sage nach von Zeus dazu verurteilt, in der Unterwelt einen Felsbrocken einen Berg hinaufzurollen. Jedes Mal, wenn er oben angekommen war, rollte der Stein wieder nach unten, und Sisyphos musste seine Arbeit von Neuem beginnen. So fühlen sich viele Menschen bei der Erledigung ihrer alltäglichen Aufgaben.

Der Rasen ist erst vor Kurzem gemäht worden, jetzt ist das Gras schon wieder nachgewachsen. Der Boden ist wieder schmutzig, obwohl er doch gerade erst vor ein paar Tagen geputzt worden ist. Der Wäschekorb war gestern noch leer – heute liegen schon wieder schmutzige T-Shirts drin. Das Auto habe ich doch erst gestern durch die Waschanlage gefahren, jetzt ist es schon wieder dreckig. Jeden Morgen liegen wieder neue Akten auf meinem Schreibtisch. Der Zustand von »sauber«, »fertig«, »durchgeführt«, »aufgeräumt« hält nie lange an. Anstatt sich darüber zu ärgern, können Sie diese Gelegenheiten nutzen, um sich an die Vergänglichkeit zu erinnern. Wenn Sie solche Situationen bemerken, können diese als Auslöser für den Gedanken »alles ist vergänglich« wirken. Vielleicht verflüchtigt sich dann auch Ihr Ärger, denn gegen die Vergänglichkeit ist nun mal kein Kraut gewachsen.

Wie die Zeit vergeht

Zeit ist ein interessantes Phänomen und ein großes Geheimnis. Manchmal scheint sie zu rasen, dann wieder scheint sie stillzustehen. Kindern ist oft langweilig, weil sie nicht wissen, wie sie ihre Zeit füllen sollen. Je älter man wird, desto schneller scheint die Zeit zu vergehen, und man weiß nicht mehr, was man zuerst erledigen soll, denn es scheint uns, dass wir in diesem Leben noch so viel tun müssen.

Die eigenen Kinder werden erwachsen, aber auch wir werden älter. Geht es Ihnen wie mir? Jedes Jahr trauere ich dem Sommer nach. Noch Wochen, nachdem er sich nun endgültig verabschiedet hat, hängen meine Sommerkleider noch außen an meinem Schrank. Erschrecken auch Sie manchmal wie ich, wenn Sie Bekannten begegnen, die Sie lange Zeit nicht gesehen haben, und denken: »Der ist aber alt geworden.«?

»Oh, schon so spät« – ein Blick auf die Uhr vermittelt uns die Botschaft: *Die Zeit vergeht*. Hören Sie diese Botschaft?

Achten Sie in den nächsten Tagen auf Ihre Einstellung zur Zeit. Was heißt das für Sie persönlich, wenn Sie das Gefühl haben, Ihre Zeit gut genutzt oder aber vergeudet, Zeit gespart oder verloren zu haben? Es gibt die Redensart, dass der Zahn der Zeit an alten Gebäuden nagt. Versuchen Sie, sich die Zeit bildlich vorzustellen: Sehen Sie ein großes Nagetier oder vielleicht ein Monster?

Notieren Sie Ihre Einfälle und Assoziationen dazu in Ihr Tagebuch.

Ohne Wandel kein Wachstum

Nach einer dunklen Nacht wird es wieder hell, ein kleines Kind lernt Laufen, Wunden heilen, auf Regen folgt Sonnenschein. Aus einer unansehnlichen Raupe wird ein farbenfroher Schmetterling. Dies alles meint Veränderung. Ohne Wandel wäre es entweder immer dunkel oder immer hell, immer Winter oder immer Sommer. Wir könnten nichts Neues lernen, niemals an einen anderen Ort gelangen, weder essen noch trinken und auch nicht atmen. Ohne Veränderung würden wir nicht leben.

Achten Sie in den nächsten Tagen auf solche Situationen. Versuchen Sie zu bemerken, dass Wandel auch Glück bedeuten kann. Gibt es Momente, in denen Sie froh sind, dass die Dinge sich ändern? Welche sind das? Beschreiben Sie sie kurz in Ihrem Notizbuch.

Raum für Neues

Manchmal ist man auch erleichtert, dass Dinge aufgebraucht sind. Der Vorratsschrank ist wieder leer und deshalb kann er mal gründlich geputzt werden, und die Küche riecht frisch und sauber. Ich könnte überlegen, mir mal etwas ganz anderes zum Essen einzukaufen. Die Briefumschläge sind aufgebraucht. Das nächste Mal wollte ich ohnehin selbstklebende besorgen.

Das Ende einer Phase eröffnet immer die Möglichkeit, dass etwas Neues geschehen kann. Da ist ein Moment der Frische und der Magie. Sollen wir nicht mal was Neues wagen?

Achten Sie auf solche Momente, in denen die Dinge ein wenig in der Schwebe sind! Wie empfinden Sie diese Augenblicke? Genießen Sie die Freiheit, sich neu zu orientieren oder macht Sie diese Freiheit nervös? Wenn ja, fragen Sie sich, woran das liegen könnte.

Eigene Situationen bemerken

Haben Sie noch andere Situationen bemerkt, die Sie besonders stark auf Vergänglichkeit und Wandel hinweisen? Welche sind das? Wie fühlen Sie sich in diesen Situationen?

Machen Sie sich dazu ein paar Notizen!

Zusammenfassung nach einer Woche:

Welche Situationen sind Ihnen besonders aufgefallen?

Bemerken Sie jetzt häufiger und vielleicht deutlicher, dass alles vergänglich ist?

Es sei nochmals betont: Sinn der Übung ist nicht, dass Ihnen alles gleichgültig wird. Es geht darum zu erkennen, wie man überall auf die Vergänglichkeit stößt. Das kann zur Frage führen, was denn eigentlich von Belang ist. Die Übungen sollen Sie dazu anregen und ermutigen, sich auf das zu richten, was für Sie wirklich wichtig im Leben ist. Respektieren Sie Ihre tiefsten Wünsche! Was hält Sie davon ab, ihnen zu folgen?

Vergänglichkeit und Wandel bezeichnen das gleiche Phänomen. Und doch ist der Begriff Vergänglichkeit eher negativ besetzt, Wandel dagegen eher positiv. Wie empfinden Sie das? Schreiben Sie in Ihr Tagebuch:

Vergänglichkeit bedeutet für mich ....

Wandel bedeutet für mich ....

Wirklich wichtig ist für mich in meinem Leben ....

....

2. Woche

Unser Atem – das große Wunder

Hintergrund

Weil der Atem in enger Verbindung zu Gemütszuständen und geistigen Prozessen steht, wird er auch bei vielen spirituellen Übungen und Therapien genutzt. Man kann lernen, durch das Ausrichten auf den Atem ruhiger zu werden oder ihn mit bestimmten Körperbewegungen in Verbindung zu bringen, wie das beispielsweise beim Yoga geschieht. Im Buddhismus gibt es sehr viele Anleitungen, wie der Atem als Stütze und Mittel verwendet werden kann, um Konzentration zu erlangen, innere Reinigung vorzunehmen, Einsichten zu gewinnen, liebevolle Gedanken auszusenden und vieles andere mehr. Aus diesem Grund beschäftigen wir uns nun, in der zweiten Woche unserer Entdeckungsreise, mit dem Atem.

Der Atem begleitet uns unser ganzes Leben lang, vom ersten Atemzug, den wir tun, wenn wir geboren werden, bis zu unserem letzten, wenn der Tod eintritt. Er ist, zusammen mit dem Herzschlag, ein Synonym für das Leben. Und wie der Herzschlag erfolgt er in einem Rhythmus, der sich auch verändern kann. Ein- und Ausatmen geschieht in ständigem Wechsel wie Ebbe und Flut oder Tag und Nacht.

Atem und Emotionen sind aufs Engste miteinander verbunden: Wenn wir aufgeregt, nervös, ärgerlich oder ungeduldig sind, atmen wir schneller und unregelmäßiger als in einer ruhigen und gelassenen Verfassung. Wenn wir uns aufregen, kann es passieren, dass wir übertrieben einatmen und dann gleichsam in die Luft gehen. Ein tiefes Durchatmen könnte uns hier dabei helfen, unseren Ärger »wegzublasen«.

Falsches Atmen wird beim Sport zum Problem. Jogger, Bergsteiger und Wanderer wissen, dass die Schritte am besten dem Atemrhythmus angepasst werden. Wer falsch atmet, vor allem nicht richtig ausatmet, bekommt Seitenstechen.

Atmen bedeutet aber auch, mit der Umwelt zu kommunizieren. Beim Ausatmen gebe ich etwas von mir ab, beim Einatmen nehme ich etwas von außen in mich auf. Da dies alle Wesen so machen, sind wir alle durch die Atemluft miteinander verbunden. Dabei geht es nicht nur um Sauerstoff und Kohlendioxid, sondern auch um Stimmungen, Emotionen und Gedanken.

Unser Atem ist uns so vertraut, dass wir gar nicht bemerken, wie wir ihn intuitiv einsetzen. Jeder von uns kennt den Seufzer der Erleichterung nach einem anstrengenden Ereignis. Im Grunde ist das ein Ausatmen. Wir wissen irgendwie, dass Ausatmen mit Entspannung zu tun hat.

Da uns der Atem immer begleitet, ist er ideal zum Üben. Atemübungen sollten aber immer mit großer Behutsamkeit vollzogen werden. Der Atem sollte nicht verändert oder beeinflusst werden. Wir werden weder versuchen ihn anzuhalten noch ihn auszudehnen. Wir sollten ein Gefühl für seinen natürlichen Rhythmus bekommen.

Wenn wir uns im Folgenden dem Atem zuwenden, so könnten wir probieren, dies mit einer freundlichen Haltung zu tun, mit Verwunderung und Bewunderung: Welch ein Wunder, dass wir atmen!

Zum Nachdenken

Gönnen Sie sich einige ruhige Minuten, in denen Sie nichts anderes tun, als Ihren Atem wahrzunehmen. Holen Sie Ihr

Notizbuch hervor und denken Sie über folgende Fragen nach:

Wann bemerke ich überhaupt, dass ich atme?
Oft ist das nur dann der Fall, wenn sich der Atemrhythmus verändert hat, zum Beispiel beim Sport, bei Aufregung oder einer Erkältung, wenn die Nase verstopft ist.
Notieren Sie in Ihr Buch:
In folgenden Situationen bemerke ich, dass ich atme: ....

....

In welchen Situationen genießen Sie besonders das Einatmen? Wann empfinden Sie »frische Luft«? Wann atmen Sie verstärkt und bewusst ein? Wenn Sie das Fenster öffnen oder vor die Haustür treten oder gibt es noch andere Situationen?
Besonderen Genuss beim Einatmen verspüre ich, wenn ....

....

In welchen Situationen genießen Sie besonders das Ausatmen? Seufzen Sie, wenn Sie Entspannung spüren, weil Sie etwas Schwieriges gemeistert haben? Ist das nicht ein Ausatmen? In welchen Momenten empfinden Sie Erleichterung beim Ausatmen?
Besonders stark erlebe ich das Ausatmen, wenn ....

....

Vielleicht haben Sie sich schon früher mit dem Atmen beschäftigt und benutzen ein bewusstes tiefes Atmen, wenn Sie sich in einer brenzligen Situation befinden?

Benutzen Sie Ihren Atem, um sich ruhiger oder gefasster zu fühlen?

Was verbinden Sie persönlich mit folgenden sprachlichen Ausdrücken: »um Atem ringen«, »außer Atem geraten« oder »da verschlägt es mir den Atem«? Fallen Ihnen noch weitere Formulierungen ein, die mit dem Atem zu tun haben?

Was bedeuten solche Ausdrücke Ihrer Meinung nach? Auf welche Situationen treffen sie zu?

Welche Bilder oder Farben fallen Ihnen spontan zum Atem ein? Ist der Atem beispielsweise rot oder blau, grün oder schwarz, farblos und durchsichtig? Hat der einströmende Atem eine andere Qualität oder Farbe als der ausströmende?

Schreiben Sie Ihre Assoziationen dazu auf.

Wir können für einige Momente die Luft anhalten, zum Beispiel unter Wasser. Aber so lange noch ein Fünkchen Lebenswille in uns steckt, wollen wir atmen. Atmen wir also, weil wir das wollen? Oder atmet etwas in uns, das wir gar nicht kontrollieren können? Wer oder was atmet in Ihnen?

Ich atme, weil ....

Mit Situationen üben

Zwischenräume zum Atmen nutzen

Nehmen Sie sich tagsüber immer mal wieder ein paar Minuten – oder ein paar Atemzüge – Zeit, um Ihren Atem zu spüren. Das kann überall und zu jeder Zeit geschehen, zum Beispiel nachdem Sie den Telefonhörer aufgelegt und sich noch nicht einer neuen Aufgabe zugewendet haben. Oder wenn Sie auf den Fahrstuhl warten, auf der Toilette sitzen, im Auto vor einer roten Ampel halten, bevor Sie einen Schluck Wasser oder Kaffee trinken, im Bus, vor dem Einschlafen – es gibt so viele Gelegenheiten, sich Ihrem Atem zuzuwenden.

Richten Sie Ihre Aufmerksamkeit ruhig und sanft auf den Atem. Bemerken Sie, wie Sie einatmen und ausatmen. Achten Sie so lange auf den Atem, wie es Ihnen möglich ist. Wenden Sie erst dann Ihre Aufmerksamkeit Ihrer nächsten Tätigkeit zu.

Notieren Sie am Abend, welche Beobachtungen Sie dabei tagsüber gemacht haben.

Das Atmen genauer wahrnehmen

Wenn Sie ein wenig Übung darin haben, Ihren Atem bewusst zu bemerken, können Sie ihn auch genauer erspüren: Bemerken Sie, wie die Atemluft ein- und ausströmt? Vielleicht ist sie beim Einatmen kühler als beim Ausatmen?

Sie sollten auch auf das Heben und Senken der Bauchdecke achten. Bemerken Sie, wie der Brustkorb sich ausdehnt und wieder kleiner wird? Wo im Körper kann der Atem noch hingelangen? Wohin geht der Atem, wenn er aus Ihnen strömt? Nehmen Sie das Geräusch wahr, das mit dem Atmen einhergeht?

Sie könnten auch nur den Rhythmus der Ein- und Ausatmung beobachten, den Atemfluss.

Was entdecken Sie noch? Schreiben Sie dies in Ihr Tagebuch.

Ein Experiment: Ärger und Wut

Wenn Sie sich das nächste Mal aufregen oder richtig wütend werden, dann versuchen Sie zu bemerken, was mit Ihrem Atem geschieht. Atmen Sie schneller? Atmen Sie weniger aus als ein? Möglicherweise hilft die Konzentration auf ein ruhigeres Atmen Ihnen dabei, ein wenig entspannter zu werden.

Notieren Sie die Ergebnisse dieses Experiments.

Ausatmen und Loslassen

Die meisten Menschen sind der Meinung, dass frische Luft gut tut. Keiner wird sich also darüber wundern, wenn Sie zwischendurch am Fenster oder auf dem Balkon stehen und tief durchatmen. Hier können Sie das tun, was jeder fast automatisch bei Stress, Aufregung oder Trauer tut: Versuchen Sie, mit dem Ausatmen Ihre Anspannung loszulassen. Seufzen Sie dabei so, dass es zu hören ist. Atmen Sie bewusst aus – am besten ein paar Mal durch den Mund. Lassen Sie dabei Ihre Probleme los. Atmen Sie sie einfach aus.

Stellen Sie sich vor, dass Sie nach einer Party einem Gast die Tür öffnen, damit er Ihr Haus verlassen kann. Sie müssen ihn nicht drängen oder schubsen, er geht ganz von allein, wenn er müde ist. Es gibt um Sie herum genügend Platz für alle Sorgen. Sie brauchen sie nicht festzuhalten und in Ihrem Innern einzuschließen. Lassen Sie die Probleme los. Und probieren Sie danach zu lächeln, auch wenn Ihnen gerade noch zum Heulen zu Mute war.

Konnten Sie dieser Anleitung folgen?

Was haben Sie dabei erlebt?

Oder können Sie damit nichts anfangen? Was könnte der Grund dafür sein?

Zeit gewinnen

Wir sprachen schon davon, dass wir uns oft wie ferngesteuerte Roboter verhalten. Wir überlassen uns automatischen Reaktionen auch da, wo es nicht angebracht ist und andere womöglich verletzt. Hier hilft es, die Reaktion ein wenig zu verzögern. Achten Sie auf Ihren Atem, atmen Sie bewusst aus und ein, spüren Sie den Atem und den Raum um sich herum. Lassen Sie sich ein bisschen Zeit, bevor Sie handeln. Das schafft Raum. Damit sich Ihr Gegenüber nicht allzu sehr über die eingetretene Pause wundert, könnten Sie ihn mit einer Frage beschäftigen wie: »Das verstehe ich nicht ganz«, oder »Wie meinst du das genau?«.

Zusammenfassung nach der zweiten Woche

Welche Entdeckungen haben Sie in Bezug auf Ihren Atem gemacht?

Ist Ihnen Ihr Atem etwas vertrauter geworden?

Ergänzen Sie folgende Aussagen:

Atmen bedeutet für mich ....

Einatmen heißt für mich ....

Ausatmen heißt für mich ....

3. Woche

Mit beiden Füßen fest auf dem Boden stehen – den eigenen Körper bemerken

Hintergrund

Wir hatten schon mehrfach erwähnt, dass es bei der Lehre des Buddha um Aufmerksamkeit und Wachsein geht. Auch wenn unser gewöhnlicher Zustand manchmal eher einem Traumwandeln gleicht, kennt jeder von uns Situationen, in denen wir durchaus aufmerksam sind.

In dieser Woche wollen wir die Aufmerksamkeit besonders auf unseren Körper richten.

Meist nehmen wir es als selbstverständlich hin, dass er funktioniert. Dann können wir uns auf das konzentrieren, was so viel wichtiger scheint, und haben den Kopf frei für die Einführung neuer Strukturen in der Firma, für die Abwicklung eines wichtigen Auftrags oder das Erlernen eines neuen Computerprogramms. Und selbst wenn unser Körper signalisiert, dass er überfordert und erschöpft ist, ignorieren wir das im Allgemeinen. Erst wenn wir wirklich krank werden, schenken wir ihm vorübergehend wieder Beachtung.

Die Übung der Aufmerksamkeit auf den Körper kann hier ein Gegengewicht bilden. Sie hat vielfältigen Nutzen: Sie schult grundsätzlich unsere Aufmerksamkeit, ohne die wir nicht zum Erwachen gelangen können. Sie bringt uns aber auch dazu, dass wir unseren Körper bewusster wahrnehmen. So können wir frühzeitig körperliche Verspannungen und Fehlhaltungen vermeiden. Die Übung kann Ihnen auch dabei helfen, Stress besser zu bewältigen.

Die alltäglichen Anforderungen zwingen uns scheinbar, mehrere Dinge gleichzeitig zu erledigen. Manche Menschen tun das auch gerne: Sie fahren beispielsweise Auto, stellen das Radio an und führen gleichzeitig auch noch ein Gespräch. Sich ganz einer Sache zu widmen führt aber zu mehr Tiefe in der Wahrnehmung und in den zwischenmenschlichen Beziehungen. Ungeteilte Aufmerksamkeit ist eine ganz besondere Fähigkeit: Wir können sie einer Person oder einer Sache »schenken«. Wir sind dann ganz Ohr, lauschen oder beobachten hingebungsvoll. Wir können in vollen Zügen genießen oder ganz in eine Sache versunken sein.

Aufmerksamkeit ist aber auch die Fähigkeit, sich konzentrieren zu können. Wenn etwas interessant, spannend, schwierig oder gar gefährlich ist, sind wir ganz bei der Sache. Wir haben im Laufe unseres Lebens gelernt, dass wir im Umgang mit gefährlichen Maschinen, beispielsweise Sägen, oder mit scharfen Küchenmessern konzentriert vorgehen müssen, wenn wir uns oder andere damit nicht verletzen wollen.

In Situationen, die uns körperlich gefährden können oder gar unser Leben bedrohen, etwa im Straßenverkehr, passen wir normalerweise von selbst auf. Aber kaum glauben wir, dass uns nichts mehr geschehen kann, ist es mit unserer Achtsamkeit meist schon vorbei. Dann achten wir nicht mehr so genau auf das, was geschieht.

Wir träumen beim Essen und schauen plötzlich auf den leeren Teller, ohne dass wir uns erinnern können, wie das Gericht geschmeckt hat. Wir ärgern uns auf dem Nachhauseweg über einen Kunden oder eine Mitarbeiterin und spüren den frischen Wind nicht, sehen keine Wolken und hören kein Vogelgezwitscher.

Eine der bekanntesten Lehrreden des Buddha spricht von dieser Achtsamkeit oder Aufmerksamkeit. Das hört sich alles erst ganz einfach an: »Gehend weiß da der Mönch: Ich gehe; stehend weiß er: Ich stehe; sitzend weiß er: Ich sitze; liegend weiß er: Ich liege ...«

Was soll das? Ist das nicht banal? Wir merken doch, ob wir gehen oder sitzen, oder? Tun Sie das wirklich? Ist es nicht vielmehr so, dass Ihre Gedanken immer noch dort sind, wo Sie gerade waren, sei es im Büro oder bei Freunden? Und denken Sie nicht schon auf dem Heimweg daran, was Sie zu Hause erwartet?

Bemerken Sie, dass Sie gehen, wenn Sie gehen? Vielleicht, wenn unsere Schuhe drücken oder wir einen verstauchten Fuß haben, ja, dann spüren wir jeden Schritt schmerzhaft. Oder wenn der Weg vereist ist und das Gehen uns Mühe bereitet. Sonst ist uns eigentlich nicht bewusst, was wir tun, wenn wir gehen. Wir hören nicht das Geräusch, das unsere Schritte verursachen, und spüren nicht, wie wir einen Fuß nach dem anderen aufsetzen. Das scheint uns nicht wesentlich genug zu sein, als dass wir unsere Aufmerksamkeit darauf richten. Nach der Lehre des Buddha ist es aber jeder einzelne Moment wert, bewusst und offen wahrgenommen zu werden. Das wollen wir in den nächsten Tagen üben.

Zum Nachdenken

Nehmen Sie sich etwas Zeit, setzen Sie sich bequem hin und denken Sie nach: Welche Sitzhaltung nehmen Sie am Schreibtisch, vor dem Computer, im Auto, in der Bahn, auf dem Küchenstuhl oder auf dem Sofa ein? Stellen Sie sich Ihre Sitzhaltung bildlich vor.

Wie lange können Sie jeweils in dieser Haltung sitzen? Bringen bestimmte Haltungen Probleme mit sich? Spüren Sie manchmal Ihre Schultern oder Ihren Rücken?

Wenn das so ist, ist zu überlegen, wie man das verändern kann. Vielleicht genügt es schon, dass Sie sich einen anderen Stuhl anschaffen oder die Höhe Ihres Arbeitstisches ändern.

Notieren Sie sich einige Punkte dazu.

Verbinden Sie vielleicht mit bestimmten Körperhaltungen auch einen bestimmten Grad an Aufmerksamkeit oder Konzentration? Können Sie sich nur dann konzentrieren, wenn Sie am Schreibtisch sitzen, oder auch mit hoch gelegten Beinen im Sessel oder auf dem Sofa?
Notieren Sie Ihre Entdeckungen in Ihr Buch.
Am besten kann ich mich konzentrieren, wenn ich (am Schreibtisch / auf dem Sofa / ....) sitze.

Stellen Sie sich vor, Sie sind auf dem Weg zur Arbeit. Wie gehen Sie – hastig, im Laufschritt, gelassen oder ruhig? Wie fühlt sich Ihr Körper dabei an – Ihre Schultern, Ihr Rücken, Ihre Arme, Ihr Nacken? Wohin richten Sie Ihren Blick?
Schreiben Sie in Ihr Notizbuch:
Wenn ich auf dem Weg zur Arbeit bin, gehe ich ....
Mein Körper ist dann ....
Mein Blick ist dann auf .... gerichtet.

Wie hingegen ist Ihr Schritttempo, wenn Sie spazieren gehen oder ohne Zeitdruck durch die Stadt bummeln? Was empfindet Ihr Körper, und wohin richten Sie Ihren Blick?
Notieren Sie in Ihr Buch, was Ihnen dazu einfällt.

Spüren Sie nun in Ihren Körper hinein. Wie fühlt er sich an? Warm oder kalt, angespannt oder entspannt? Nehmen Sie sich dafür einige Minuten Zeit.

Machen Sie sich nun einige grundlegende Gedanken zu Ihrem Körper. Akzeptieren Sie ihn so, wie er ist? Fühlen Sie sich wohl in Ihrer Haut? Welche Bedeutung hat er für Sie?

Ist er Ihr Zuhause, eine Stütze, Ihr Freund? Oder ist er Ihnen lästig, hinderlich, unangenehm?
Notieren Sie Ihre spontanen Gefühle und Einfälle.
Mein Körper ist für mich / mir ....

Unser Körper sendet uns Botschaften. Er signalisiert Müdigkeit, Hunger, Verkrampfung, Beklemmung oder Angst. Denken Sie in Ruhe über folgende Fragen nach:

Bemerken Sie normalerweise die Botschaften Ihres Körpers? Hören Sie auf ihn? Nehmen Sie seine Botschaften ernst?

Schreiben Sie die Antworten in Ihr Notizbuch.

Mit Situationen üben

Sitzend weiß ich: Ich sitze

Wo und wie sitzen Sie im Moment, während Sie dieses Buch lesen? Sitzen Sie auf einem Stuhl oder auf einem gemütlichen Sofa? Was spürt Ihr Rücken? Sind Ihre Schultern entspannt? Sitzen Sie bequem? Wie fühlt sich das an? Spüren Sie Ihren Po, Ihren Rücken, Ihre Beine, Ihre Füße? Können Sie sich in dieser Sitzhaltung entspannen? Wenn nicht, dann probieren Sie Ihre Sitzhaltung so zu ändern, dass sie angenehm ist. Achten Sie in den nächsten Tagen immer wieder darauf, wie Sie sitzen.

Gehend weiß ich: Ich gehe

Wählen Sie für folgende Übung einen Weg aus, den Sie regelmäßig zu Fuß machen, beispielsweise zum Bäcker oder zum Bus. Versuchen Sie beim nächsten Mal darauf zu achten, wie Sie gehen: langsam oder schnell, eilig verkrampft oder entspannt?

Spüren Sie Ihre einzelnen Schritte. Fühlen Sie, ob Ihre Schuhe hart oder bequem sind. Sind Ihre Füße warm oder kalt? Machen Ihre Schritte Geräusche? Fühlen Sie sich wohl beim Gehen? Wenn möglich, ändern Sie Ihr Tempo oder Ihre Körperhaltung so, dass Sie sich wohl fühlen.

Wartezeit nutzen

Haben Sie fünf Minuten Zeit, um sich auf eine Parkbank zu setzen? Oder müssen Sie manchmal auf den Bus warten? Auch beim Arzt, auf der Post oder an der Kasse im Supermarkt muss man gelegentlich warten. Anstatt ungeduldig von einem Fuß auf den anderen zu treten und dauernd nervös auf die Uhr zu sehen, könnten Sie solche Situationen auch nutzen: Achten Sie auf Ihre Umgebung und Ihre Eindrücke.

Was nehmen Sie wahr? Riechen Sie etwas? Welche Geräusche hören Sie? Ist Ihnen warm oder eher kalt? Spüren Sie Ihre Füße? Stellen Sie sich Ihren Gesichtsausdruck vor. Blicken Sie finster drein? Beißen Sie die Zähne zusammen? Ist Ihre Stirn gerunzelt? Vielleicht probieren Sie ganz einfach zu lächeln.

Sanfter mit sich selbst umgehen

Nach einem anstrengenden Tag bemerken wir vielleicht gar nicht, dass wir ruhebedürftig sind, oder halten das für eine Schwäche, die es zu ignorieren gilt. Vielleicht trinken wir, anstatt uns auszuruhen, Tee oder Kaffee und eilen zum nächsten Termin, ins Kino, ins Theater, zum Sport oder in die Kneipe. Und vermutlich schlafen wir dann auch noch schlecht, weil wir gleichzeitig überanstrengt und aufgedreht sind.

Achten Sie in den nächsten Tagen besonders auf Signale Ihres Körpers, die Sie dazu anhalten, sich eine Ruhepause zu gönnen. Das könnte ein verspannter Nacken sein, Kopfschmerzen oder Gereiztheit. Und nehmen Sie sich, wenn möglich, auch die Zeit dafür, und wenn das nur ein paar Minuten sein sollten. Achten Sie darauf, was Sie möglicherweise davon abhalten könnte, eine kleine Pause einzulegen. Wie könnten Sie das ändern?
Halten Sie Ihre Beobachtungen in Ihrem Notizbuch fest:

Ich bemerke oft / meistens / selten / nie, wenn ich Ruhe brauche.

Es gelingt mir oft / meistens ...., mir ein wenig Ruhe zu gönnen.

Ich kann keine Pause einlegen, weil ....

Bewusste Entspannung

Was empfinden Sie als entspannend – ein warmes Bad, ein Glas Wein, Zärtlichkeit, einen Spaziergang? Bemerken Sie in dieser

Situation, wie sich Ihre Anspannung oder Verspannung löst? Oft sind es die Nacken- und Schultermuskeln, die wir tagsüber besonders anspannen. Spüren Sie, wie sich diese ein wenig lockern? Genießen Sie diese Entspannung!
Notieren Sie in Ihr Buch:
Als besonders entspannend empfinde ich ....

Körperhaltung, Atmung und Gefühle

Wenn wir mit Gefühlen umgehen, kann es hilfreich sein, dass wir unsere Aufmerksamkeit auf unsere Körperhaltung und unseren Atem richten. Wir sprachen schon in der zweiten Woche davon, dass sich bei starken Emotionen, wenn wir beispielsweise wütend sind, unser Atem verändert. Aber Emotionen wirken sich auch auf unsere Körperhaltung aus.

Stellen Sie sich vor, etwas erschreckt Sie fürchterlich. Wie reagiert Ihr Körper? Zucken Sie zusammen? Bleiben Sie wie angewurzelt stehen? Zittern Sie? Halten Sie die Luft an? Wie fühlt sich Ihr Körper an, wenn Sie eine unangenehme Nachricht erhalten? Verändert sich Ihr Atemrhythmus? Wie bewegen Sie Ihren Körper, wenn Sie gut gelaunt sind?

Achten Sie in den nächsten Tagen besonders darauf, was Sie mit Ihrem Körper ausdrücken.

Notieren Sie Ihre Beobachtungen.

Zusammenfassung nach der dritten Woche

Haben Sie Ihrem Körper gegenüber eine freundlichere Haltung eingenommen?

Haben Ihnen die Übungen geholfen, Ihrem Körper gegenüber aufmerksamer zu sein?

Haben Sie Vorsätze gefasst, sich mehr um Ihren Körper zu kümmern?
Notieren Sie mindestens einen konkreten Vorsatz.
In nächster Zeit möchte ich mich besonders darum kümmern ....

Was haben Sie sonst noch entdeckt?

Notieren Sie Ihre Erfahrungen in Ihr Tagebuch.

4. Woche

Bunt ist die Welt – mehr wahrnehmen

Hintergrund

Täglich werden unsere Sinne von einer unglaublichen Fülle von Eindrücken überflutet. Manche registrieren wir, andere nehmen wir nur so nebenbei auf, wieder andere ignorieren wir. Auf alles können wir wirklich nicht achten, meinen wir. Immerhin haben wir Termine und wichtige Dinge zu erledigen, wir müssen zur Arbeit, zum Einkaufen oder ins Sportstudio. Aber selbst in einem hektischen Alltag können wir es uns erlauben, mehr wahrzunehmen, als wir das gemeinhin tun.

Wir alle haben gelernt, unsere Aufmerksamkeit auf eine beschränkte Anzahl von Objekten zu richten: Wir konzentrieren uns bei der Arbeit auf bestimmte Dinge, bei der Bedienung einer Waschmaschine, eines Kopierautomaten oder Computers müssen wir verschiedene Handgriffe koordinieren. Das haben wir im Laufe der Zeit gelernt.

Unseren Körperempfindungen, Gedanken, Gefühlen und Stimmungen widmen wir allerdings meistens nicht dieselbe Aufmerksamkeit. Dadurch verlieren wir leicht den Kontakt zu uns selbst und handeln dann nicht so, wie es unseren Gefühlen und Bedürfnissen entspricht. Erst wenn wir krank werden, kommen wir manchmal auf die Idee, dass wir uns selbst vernachlässigt haben. Aber wir versäumen auch sehr viel von dem, was um uns herum geschieht, wenn wir unachtsam sind. Dies widerspricht der buddhistischen Maxime, in allen Situationen offen, wach und aufmerksam zu sein.

Nachdem wir in der letzten Woche geübt haben, auf unsere Körperempfindungen zu achten, sollen jetzt die Sinneswahrnehmungen unser Fokus sein. Möglicherweise wundern Sie sich darüber. Lehrt der Buddhismus nicht, den sinnlichen Erscheinungen dieser Welt zu misstrauen? Tatsächlich aber hält die Lehre des Buddha zur Betrachtung der Sinneswahrnehmungen an, sogar in den Traditionen, die ihr Schwergewicht auf eine klösterliche Lebensweise legen. Ein Ignorieren oder Unterdrücken von Wahrnehmungen wird nirgendwo in den buddhistischen Lehren postuliert. Wie mit den Wahrnehmungen umzugehen ist, dazu gibt es je nach buddhistischer Tradition verschiedene Anleitungen.

Wir folgen hier dem Ansatz, bei dem es darum geht, uns allen Erfahrungen offen zuzuwenden, ohne uns daran festzuklammern. Das heißt, wir dürfen uns durchaus an unseren Sinnen erfreuen, die Sinneswahrnehmungen in ganzer Intensität spüren. Dann sollen wir sie aber auch wieder loslassen – ohne sie zu konservieren oder durch Anstrengung ihr vermeintliches Wiederholen erzwingen zu wollen.

Zum Nachdenken

Machen Sie es sich bequem und überlegen Sie: Über welchen Ihrer Sinne nehmen Sie am meisten auf: über Ihre Augen, Ihre Nase, über Ihren Mund, Ihre Ohren oder Ihre Haut?

Welcher dieser Sinne ist oder welche Sinne sind für Sie besonders wichtig?

Schreiben Sie in Ihr Tagebuch:

Am wichtigsten ist / sind für mich ....

Oft steht der Sehsinn stark im Vordergrund. Hier ist eine kleine Übung, die sich auf den Hörsinn konzentriert. Entsprechend können Sie auch die Wahrnehmung durch Ihre anderen Sinne stärken: Schließen Sie die Augen für einige Minuten und achten Sie nur auf das Hören. Bleiben Sie dabei entspannt. Nehmen Sie die Gesamtheit aller Eindrücke über Ihren Hörsinn wahr. Vermeiden Sie, so weit wie möglich, das Gehörte zu klassifizieren und zu benennen (»Da bellt ein Hund.« Oder »Die Nachbarin saugt Staub.«). Richten Sie sich auf das Geräusch an sich aus. Dann öffnen Sie die Augen wieder.

Wie ist es Ihnen ergangen? Was haben Sie entdeckt? Vielleicht möchten Sie die Übung wiederholen – jetzt gleich oder morgen?

Notieren Sie Ihre Beobachtungen in Ihr Notizbuch.

Viele Menschen klagen darüber, dass sie nicht genügend Zeit haben und ihnen oft alles über den Kopf wächst. Tatsächlich scheinen die Anforderungen der Gesellschaft an uns gestiegen zu sein. Wir haben nicht nur berufliche und familiäre Verpflichtungen, sondern sind auch mit dem Anspruch konfrontiert, über Politik, Technik, Gesundheit und modernes Leben im Allgemeinen gut informiert zu sein. Lebenslanges Lernen wird von uns gefordert. Gerade deshalb ist es wichtig, dass wir unsere Sinne beieinander haben und bewusst und deutlich wahrnehmen, was wir mit den Sinnen aufnehmen. Wir sollten daher unsere Sinneswahrnehmungen pflegen und uns Zeit und Raum dafür geben, bewusst und genussvoll wahrzunehmen.

Welcher Ihre Sinne kommt im Alltag leicht zu kurz? Wollen Sie diesen Sinn nicht ein bisschen pflegen? Wofür würden Sie sich gerne mal richtig Zeit nehmen? Für ein heißes Bad, ein schönes Konzert, ein Fünf-Gänge-Menü?

Schreiben Sie in Ihr Buch:

Ich möchte mir so bald wie möglich Zeit nehmen für ....

Am besten tragen Sie diesen Wunsch auch gleich in Ihren Terminkalender ein!

Mit Situationen üben

Ein neues Bild?

In der Wohnung eines Freundes oder einer Freundin fällt Ihnen plötzlich ein Bild an der Wand auf. Sie fragen erstaunt: »Ist das neu?« Aber nein, das Bild hing schon immer da. Sie haben es nur noch nie wahrgenommen.

Achten Sie in den nächsten Tagen darauf, ob Sie bei manchen Dingen den Eindruck haben, Sie zum ersten Mal zu sehen, zu hören, zu schmecken, zu riechen oder zu fühlen. Wie empfinden Sie das?

Farben sehen

Nehmen Sie sich vor, zum Beispiel auf Ihrem Heimweg von der Arbeit, nur auf die Farben Ihrer Umgebung zu achten. Wo sehen Sie Farben? Was sind das für welche? Bei dieser Übung soll es nicht darum gehen, den Farbton zu bestimmen. Spüren Sie einfach, wie die Farben auf Ihre Sinne wirken! Notieren Sie in Ihrem Buch, was dies bei Ihnen auslöst.

Panorama-Blick

Meist konzentrieren wir uns auf das, was unmittelbar in unserem Gesichtsfeld ist.

Wenn Sie ein paar Minuten Zeit haben, versuchen Sie Ihren Fokus auf »Panorama« oder »Weitwinkel« umzustellen. Dann nehmen Sie das ganze Zimmer wahr, vielleicht auch noch das Fenster und den Himmel dazu. Oder Sie erblicken auf einmal die andere Straßenseite und den nächsten Häuserblock, den Sie zuvor nicht gesehen haben.

Üben Sie in einer Situation und notieren Sie, was Sie dabei entdecken.

Im Einkaufsstress

Sie eilen durch die Stadt, weil Sie noch etwas erledigen müssen.

Wo sind Sie mit Ihren Gedanken: bei der nächsten Besorgung oder schon zu Hause?

Vielleicht können Sie für einen Moment stehen bleiben, tief durchatmen, spüren wo Sie sind, und dann Ihren Weg fortsetzen?

Sie könnten viele Dinge wahrnehmen: Gerüche von Kaffee oder Bratwürsten, Sie könnten eine Weile der Straßenmusik zuhören, Sie könnten bemerken, ob sich Ihre Hände kalt oder warm anfühlen, ob Ihr Mund zusammengekniffen oder entspannt ist und vieles andere mehr.

Begeben Sie sich auf einen Erkundungsgang!

Schnuppertag

Für feine Nasen kann eine Fahrt in öffentlichen Verkehrsmitteln schon eine Herausforderung sein. Wo manche ihre Nase rümpfen, müssen andere aber noch lange nichts riechen.

Nehmen Sie sich einen Tag lang Zeit, besonders auf Geruchseindrücke zu achten. Im Frühling und Sommer mit den vielen blühenden Sträuchern und Blumen sollte das kein Problem sein. Machen Sie einfach einen Spaziergang und genießen Sie die Düfte in vollen Zügen. Sie können aber auch in Ihr Badezimmer gehen und an den verschiedenen Fläschchen und Packungen schnuppern: Duschgel, Seife, Rasierwasser, Parfüm und vieles mehr. Auch die Küche bietet reichlich »Riechmaterial«: Kaffee, Zimt, Muskat, Zwiebeln und anderes. Lassen Sie den Eindruck der Gerüche auf sich wirken. Es ist dabei nicht wichtig zu beurteilen, ob die Gerüche angenehm oder unangenehm sind, ob der Duft süßlich oder sauer ist. Es geht um das Riechen an sich.

Notieren Sie die Erlebnisse Ihres »Riechtages«.

Feinschmecker

Nutzen Sie eine Gelegenheit beim Essen, bei der Sie – ohne andere zu irritieren – für einen Moment Ihre Augen schließen können. Konzentrieren Sie sich dann ganz auf Ihren Geruchs- und Geschmackssinn. Was nehmen Sie wahr? Wie schmeckt das, was Sie riechen? Wo findet das Schmecken statt? Wie fühlt sich die Konsistenz der verschiedenen Speisen in Ihrem Mund an? Lassen Sie die Speisen auf der Zunge zergehen! Genießen Sie!

Zusammenfassung nach der vierten Woche

Haben Ihnen die Übungen geholfen einen oder mehrere Ihrer Sinne wiederzubeleben?

Gibt es bestimmte Dinge, auf die Sie in nächster Zeit besonders achten wollen?

Sie könnten sich zum Beispiel mehr Zeit nehmen, ganz allgemein auf Ihre Sinneswahrnehmung zu achten. Vielleicht möchten Sie aber eher darauf achten, was Sie schmecken oder riechen. Möglicherweise haben Sie durch die Übungen in dieser Woche auch bemerkt, dass Sie mit Ihrem Körper nicht sehr freundlich umgehen. Vielleicht möchten Sie in Zukunft beispielsweise darauf achten, keine unbequemen Schuhe zu tragen. Oder Sie gönnen sich ab sofort mehr Möglichkeiten zum Auftanken und räumen sich für die alltäglichen Erledigungen genügend Zeit ein, damit es gar nicht erst zu Stress und körperlicher Verspannung kommt.

Schreiben Sie in Ihr Buch:

In nächster Zeit möchte ich besonders darauf achten ....

5. Woche

Die drei Schubladen »angenehm, unangenehm, neutral«

Hintergrund

Nachdem wir uns in der letzten Woche mit unseren fünf Sinnen beschäftigt haben, richten wir nun unsere Aufmerksamkeit auf den »sechsten Sinn«. Damit ist in der Lehre des Buddha nichts Übersinnliches, sondern der Geist-Sinn gemeint. Es soll also um geistige Prozesse und Impulse gehen, das heißt um Gedanken. Allerdings wollen wir uns in dieser Woche nicht mit unseren gewöhnlichen Gedanken befassen, sondern mentale Tendenzen untersuchen, die fast oder ganz unbewusst vor sich gehen. Wir richten unsere Aufmerksamkeit auf unsere Neigung, alles, was uns begegnet, in Raster einzuordnen. Auf einer ersten groben Einteilungsebene verwenden wir dabei die drei Kategorien »angenehm«, »unangenehm« und »neutral«.

Im Allgemeinen sind wir stets darauf aus, Angenehmes zu bekommen. Wir meinen, Glück bestehe in der Anhäufung von angenehmen Erfahrungen und in der Vermeidung von unangenehmen. Das Problem bei der Sache ist nur, dass Erfahrungen – gleich welcher Art – nicht beständig sind. Sie sind nicht von Dauer. Wir können sie nicht festhalten. Sie sind keine Basis, die unser Leben zuverlässig trägt. Sie sind momentane Gebilde, die sich von Augenblick zu Augenblick ändern.

Wir können unser vermeintliches Glück also nicht festhalten, und so sind wir ständig auf der Suche nach mehr angenehmen Gefühlen. Wir versuchen, aus dem Strom von sich dauernd ändernden Erfahrungen und den damit verbundenen Gefühlen nur die herauszufiltern, die uns lohnenswert erscheinen oder Lustgewinn versprechen. Alle anderen wollen wir lieber wegschieben oder ignorieren.

Dieses Bemühen ist mit Arbeit und Anstrengung verbunden und raubt uns Kraft und Zeit. Außerdem verpassen wir dadurch Erfahrungen, die auf den ersten Blick nicht interessant erschienen und denen wir uns deshalb verschlossen haben. Wir errichten gewissermaßen Zäune und Blockaden um uns herum und wollen nur den angenehmen Dingen erlauben, in unser Grenzgebiet einzudringen. Dadurch schneiden wir uns von der Vielfältigkeit der Erfahrungen ab, tun uns selbst Gewalt an, weil wir für die Welt nicht mehr offen sind. Wir sind nicht in Kontakt mit uns selbst und unserer Umgebung. Unsere Gier nach Glück führt dazu, dass wir glückliche Momente dann, wenn sie da sind, nicht mehr genießen können.

Probleme, Schwierigkeiten und Leid gehören aber zum Leben genauso wie Freude und Genuss. Oft bereiten wir uns selbst ein zusätzliches Problem dadurch, dass wir mit Panik, Empörung oder Verzweiflung auf eine Schwierigkeit reagieren. Anstatt der Schwierigkeit also erst einmal ins Auge zu blicken und sie als das anzusehen, was sie ist, reagieren wir oft hysterisch oder verärgert: »Das hat mir gerade noch gefehlt.« Andere Menschen sind sogar empört darüber, dass das Leben, das Universum, Gott oder wer auch immer ihnen scheinbar immer wieder Knüppel zwischen die Beine wirft.

Das Einteilen aller Eindrücke in die starren Raster »angenehm«, »unangenehm«, »neutral« macht es uns schier unmöglich, unvoreingenommen auf Menschen und Situationen zuzugehen. Das ständige Bewerten und Einteilen kostet uns Kraft. Diese fehlt uns dann, um eine Erfahrung in ihrer Tiefe zu durchleben. Das mag uns zwar in leidvollen Situationen ein wenig

Schutz geben, führt aber auch dazu, dass wir freudvolle Momente nicht in voller Intensität erleben können. Und es hält uns in einer Pseudosicherheit aus begrifflichen Vorstellungen gefangen. Genau zu wissen, was wir mögen und was nicht, vermittelt uns den Eindruck, eine verlässliche Definition unserer selbst vorgenommen zu haben. Es besteht aber kein Grund, das übertrieben starr zu handhaben. Sie können es sich bestimmt leisten, diese Scheinsicherheit ein wenig loszulassen. Sie dürfen Ihre Vorlieben ruhig gelegentlich ändern, ohne Gefahr zu laufen, Ihre Persönlichkeit zu verlieren. Was soll denn schon passieren, wenn Sie sich auf einmal nicht mehr so sicher sind, ob rot wirklich Ihre Lieblingsfarbe oder moderne Popmusik tatsächlich so schlecht ist.

Aus diesen Gründen ist es aus buddhistischer Sicht wichtig, starres Rasterdenken aufzulösen. Als einen ersten Schritt in diese Richtung müssen wir diese Denkgewohnheit erst einmal bemerken und beobachten. Erst dann können wir sie ein wenig aufweichen.

Der Nutzen daraus kann im Alltag direkt erlebt werden: Sie werden offener für die Welt, für neue Eindrücke und Erlebnisse.

Zum Nachdenken

Nehmen Sie sich einige Minuten Zeit und überlegen Sie:

Haben Sie Vorlieben oder Abneigungen, die sich im Laufe Ihres Lebens stark verändert haben, vielleicht sogar in ihr Gegenteil? Oft beziehen sich solche Haltungen auf Speisen und Getränke.

Vielleicht mochten Sie als Kind keine Tomaten, essen Sie aber nun, als erwachsene Person, mit Wonne? Es können aber auch ganz andere Bereiche für Sie relevant sein: Gerüche, Bewegungen, Menschen, Sprachen, Farben, Musik und vieles mehr.

Notieren Sie in Ihr Buch:

Früher mochte ich keine ....

Heute mag / höre / spreche / esse ich .... *sehr gern.*

Oft laufen wir durch unseren Alltag so wie durch den Supermarkt, in dem wir regelmäßig einkaufen: Wir wissen ganz genau, wo das ist, was wir brauchen. Es gibt Abteilungen, in die wir gelegentlich schauen, und andere Regale, an denen wir einfach vorbeigehen, weil nichts drin ist, was wir benötigen. Sicherlich haben wir nicht jeden Tag Zeit, alle Gänge im Supermarkt auf und ab zu schlendern und jedes Regal zu betrachten. Aber gelegentlich könnten wir schon einmal um uns blicken, was es sonst noch so im Geschäft gibt, das hier stellvertretend für unser Leben stehen soll.

Untersuchen Sie, ob Ihre starren Raster es Ihnen erlauben, auch einmal ungewöhnliche Dinge zu tun: einen Regenspaziergang, einen Opernbesuch, Zelten, eine Zeitspanne ohne Termine vielleicht ... Spüren Sie Bereiche in Ihrem Leben auf, die Sie vielleicht vorschnell als »kann ich nicht« oder »dafür habe ich keine Zeit« wegschieben. Gibt es da nicht doch noch andere Möglichkeiten?

Schreiben Sie Ihre Entdeckungen in Ihr Notizbuch.

Versuchen Sie manchmal, angenehme Erfahrungen oder Situationen auszudehnen oder zu verlängern? Wie gehen Sie dabei vor? Schieben Sie Störendes weg? Was passiert dabei?

Was fällt Ihnen dazu ein? Welche Situationen sind Ihnen unangenehm? Versuchen Sie, diese zu vermeiden? Wie gehen Sie dabei vor? Wie fühlen Sie sich dabei?

Gelegentlich treten unerwartete Schwierigkeiten auf. Das Auto springt nicht an, die Bahn hat Verspätung, der Computer stürzt ab, oder ein wichtiger Termin platzt. Was geht in Ihnen dabei vor? Werden Sie ärgerlich oder nervös? Empfinden Sie ein Problem grundsätzlich als unzumutbar? Suchen Sie nach einer Ursache, einer Erklärung oder nach einem Sündenbock?

Notieren Sie Ihre Einfälle in Ihr Tagebuch.

Können Sie sich vorstellen, einmal ein wenig anders zu reagieren?

Wie könnte das aussehen?

Mit Situationen üben

Bequemes Sitzen

Vermutlich sitzen Sie in diesem Moment. Versuchen Sie einmal, sich nicht zu bewegen. Verändern Sie Ihre Haltung nicht. Wie lange gelingt Ihnen das? Wann wird es Ihnen unbequem? Wann kommt die erste kleine Gewichtsverlagerung, die erste kleine Bewegung?

Achten Sie darauf, wie Sie immer wieder Ihre Position ändern, und sei es auch nur minimal, damit das Gefühl des bequemen Sitzens aufrechterhalten bleibt. Führen Sie diese Übung in den nächsten Tagen mehrere Male durch.

Notieren Sie Ihre Entdeckungen in Ihr Tagebuch.

Mahlzeiten als Experimentierfeld

In der letzten Woche haben Sie geübt, Ihre Geschmackseindrücke stärker wahrzunehmen.

Achten Sie nun darauf, wie schnell Sie Ihre Geschmackserfahrungen in »schmeckt mir« oder »schmeckt mir nicht« einteilen. Und gibt es auch etwas dazwischen, etwas, was sozusagen neutral schmeckt? Gibt es Höhepunkte des Schmeckens und Momente, in denen Sie nur kauen, aber eigentlich nichts schmecken? Experimentieren Sie mit Ihren Mahlzeiten.

Notieren Sie Ihre Erlebnisse.

Duschen mit der richtigen Temperatur

Sie stehen unter der Dusche und versuchen, die Temperatur einzustellen, die Ihnen angenehm ist.

Zu heiß – Sie drehen den Warmwasserhahn ein wenig zu. Nein – jetzt ist es zu kalt ... Endlich haben Sie die richtige Temperatur gefunden, aber nach einigen Minuten sind Sie wieder unzufrieden. Jetzt wollen Sie das Wasser vielleicht doch kälter haben. Ganz unmittelbar lässt sich in dieser Situation erfahren, wie wir zwischen angenehm und unangenehm schwanken.

Welche Empfindungsschwankungen kennen Sie selbst bei sich?

Ständiges Bewerten

Gleichgültig ob es um das Wetter geht, um Mode, Kunst, Politik, Ideen oder andere Menschen: Ständig bewerten wir alles. Wählen Sie für den nächsten Tag einen Bereich aus, auf den Sie besonders achten wollen, zum Beispiel Geräusche. Welche Lautstärke empfinden Sie als angenehm? Was ist zu leise, was zu laut? Werden Sie ungehalten, wenn jemand zu leise redet, oder aggressiv, wenn jemand zu laut spricht? Beobachten Sie einen Tag lang einen für Sie wichtigen Bereich. Notieren Sie Ihre Entdeckungen.

Ich kann mich nicht entscheiden

Es gibt Situationen, in denen man sich nicht entscheiden kann. Manchmal ergeht es einem so beim Shoppen: Der Pullover gefällt mir zwar, aber so richtig gut steht er mir nicht. Soll ich ihn kaufen oder nicht? Die Tatsache, dass ich mich nicht entscheiden kann, macht mich dann leicht nervös. Ich frage dann andere um Rat. Dass die Raster meiner Einteilung versagen, ist nicht vorgesehen. Das gefällt mir nicht.

Achten Sie in den nächsten Tagen auf ähnliche Situationen. Wie geht es Ihnen dabei? Wie fühlen Sie sich, wenn Sie sich nicht entscheiden können? Was tun Sie dann?

Notieren Sie Ihre Entdeckungen.

Zusammenfassung nach der fünften Woche

Ist Ihnen der Mechanismus des Einteilens aller Eindrücke deutlich geworden?

Wie sehen Ihre persönlichen Einteilungskriterien aus?

Können Sie erkennen, dass diese Einteilung etwas Willkürliches an sich hat?

Sie brauchen keine Angst zu haben, jegliche Orientierung zu verlieren und ins Chaos zu stürzen.

Unsere Tendenz, diese Einteilungen vorzunehmen, ist ganz tief in uns verwurzelt. Sie wird durch ein paar Übungen nicht sofort aufgelöst. Diese Übungen sollen Sie lediglich darauf aufmerksam machen, dass vieles an der Starrheit unserer Einteilungskriterien unnötig ist und uns daran hindert, dem Leben gegenüber aufgeschlossen zu sein. Das könnte Ihnen Mut machen, die eine oder andere dieser Einteilungen nicht mehr ganz so ernst zu nehmen. Dadurch kann mehr Spielerisches und mehr Freude in Ihr Leben kommen.

Auf welchem Gebiet können Sie am ehesten eine Verschiebung oder Veränderung Ihrer Einteilungsraster zulassen? Wo könnten die Übergänge ein bisschen fließender sein? In Bezug auf Wahrnehmungen, Meinungen, in Geschmacksfragen? Notieren Sie in Ihr Buch:

Am ehesten kann ich meine Einteilungsraster von »angenehm / unangenehm / neutral« im Bereich .... fließender werden lassen.

6. Woche

Andere achten

Hintergrund

In den letzten Wochen haben wir uns vor allem um unsere eigenen Wahrnehmungen, Gefühle und Gewohnheiten gekümmert. Das könnte den Eindruck hervorrufen, die Lehre des Buddha stelle nur das Individuum in den Vordergrund und nicht seinen Bezug zur Welt und seinen Mitmenschen. Ganz im Gegenteil ist das Wohl der anderen die zentrale Ausrichtung in der Lehre des Buddha.

Warum aber leitet der Buddhismus an, sich selbst zu betrachten? Die Antwort darauf lautet: Damit der Egoismus und alle falschen Vorstellungen durchschnitten werden können, um uns öffnen zu können für das, was wirklich da ist – dies meint Erwachen oder Erleuchtung – zum Wohle aller Lebewesen.

Um aber falsche Vorstellungen und Überzeugungen aufgeben zu können, müssen wir diese erst einmal erkennen. Dazu brauchen wir die Kraft unserer Aufmerksamkeit. Diese gilt es also zunächst zu schulen. Und wir müssen auch lernen, wie wir mit dieser Aufmerksamkeit umgehen und worauf wir sie richten sollen. Dies ist der Grund, warum es in buddhistischen Übungen so viel um Aufmerksamkeit und Achtsamkeit geht.

Alle Menschen brauchen gelegentlich Zeit und Raum für Ruhe, Einkehr und geistiges oder emotionales Verdauen. Wer einem spirituellen Pfad folgt, hat im Allgemeinen ein stärkeres Bedürfnis nach solchen geschützten zeitlichen und örtlichen Räumen, in denen er praktizieren kann. Das heißt aber nicht, dass die buddhistische Lehre anleitet, Nabelschau zu betreiben. Ein spiritueller Weg, der nur das persönliche Wohl im Auge hat, wäre ein Widerspruch in sich.

Es ist häufig so, dass im Weltbild eines Menschen sein Ich mit seinen Bedürfnissen an erster Stelle steht. Aus dieser Haltung erwächst unendlich viel Leid – das können wir in uns selbst genauso wie in der Welt um uns herum entdecken. Deshalb ist es das Ziel der Lehre Buddhas, diesem Fokus auf das Ich entgegenzuwirken.

Wenn man aber das Festklammern am Ich aufgibt, was bleibt dann von der Person übrig? Das ist schwer zu definieren, sicherlich bleibt aber mehr als ein gefühlloser Holzklotz zurück. Auch die Welt um uns herum wird dadurch, dass wir ihre Scheinhaftigkeit – im Buddhismus sagt man oft ihre traumgleiche Natur – erkennen, nicht plötzlich verschwinden. Der Buddha lebte und wirkte weiter in der Welt auch nach seiner Erleuchtung!

So ist die Verbindung zu den anderen Lebewesen und zur Welt als Ganzes immer ein Thema im Buddhismus. Den anderen Wesen Freundlichkeit und Liebe zu schenken ist ein Anliegen, das man überall in den buddhistischen Lehren findet.

Liebe, Mitgefühl und Großzügigkeit werden dabei als natürliche Qualitäten aufgefasst. Diese sind gleichsam mit einer Schicht bedeckt, so dass sie zuerst nicht sichtbar sind. Was wir auf dem buddhistischen Weg tun, ist nicht etwa, diese natürlichen positiven Qualitäten zu produzieren, da sie schon vorhanden sind, sondern die Schicht zu entfernen, die sie verbirgt. Dann kommen Liebe, Mitgefühl und Großzügigkeit zum Vorschein und entfalten ihre ganze Schönheit, Kraft und Magie. Und diese Qualitäten sind nicht von einem Ich abhängig. Sie sind einfach so da – ganz von alleine. Sie sind niemandes Besitz.

Das Haupthindernis ist also der Egoismus, die Konzentration auf das Ich und die Bewertung aller Dinge vom Standpunkt des Ichs aus. Dies gilt es zu überwinden. Aus diesem Grund beschäftigt man sich im Buddhismus so viel mit den Mechanismen des Ichs, nicht um irgendeine Form von Egoismus zu pflegen, sondern weil man das Ich durchschauen und letztlich auflösen, beziehungsweise die Vorstellung vom Ich loslassen will.

Dabei können Sie sich selbst als Prototyp betrachten. Denn den anderen Menschen um Sie herum geht es nicht viel anders als Ihnen. Wir sitzen im selben Boot und haben alle ähnliche Probleme und Sorgen. Der Dalai Lama drückte es sinngemäß so aus: »Alle Wesen wollen glücklich sein und Unglück vermeiden. Darin sind wir alle gleich.«

In der letzten Woche haben wir uns mit der Einteilung in »angenehm«, »unangenehm«, »neutral« beschäftigt. Diese Raster wenden wir im Normalfall nicht nur auf Sinneseindrücke und Situationen an, sondern auch auf andere Personen. Das erfolgt meist so schnell, dass wir das gar nicht bemerken. Auch hier geht es also darum, unsere Aufmerksamkeit zu schulen. Unser Vorsatz, möglichst offen und unvoreingenommen zu sein, gilt natürlich auch für unsere Mitmenschen. Je offener und unverkrampfter wir Menschen entgegentreten können, desto vielfältiger, interessanter und fruchtbarer kann die Begegnung werden. Somit kann die buddhistische Haltung der Offenheit für alles und jeden unsere Beziehung zu anderen verbessern und erleichtern und hat dadurch einen unmittelbaren Nutzen für die Verbindung zum gesellschaftlichen Leben.

Zum Nachdenken

Nehmen Sie sich einige Minuten Zeit und überlegen Sie:

Welche Gemeinsamkeiten können Sie zwischen sich selbst und anderen Menschen erkennen?

Was ist allen Menschen gemein? Dass wir einen Körper haben und durch unsere fünf Sinne wahrnehmen, unsere Fähigkeit zu denken, unser Bedürfnis nach Wärme, Sicherheit, Liebe, Gesellschaft, nach Essen und Trinken?

Stellen Sie sich die Frage, worin sich Menschen aus den unterschiedlichsten Lebensräumen, sei es der Regenwald, eine westliche Großstadt oder ein afrikanisches Dorf, ähneln. Wonach streben alle Menschen?
Schreiben Sie Ihre Einfälle in Ihr Tagebuch. Die nachfolgenden Sätze können Sie als Anregung benutzen.

Alle Menschen wollen / brauchen / sehnen sich ....

Jede und jeder von uns trifft im Alltag gelegentlich auf Schwierigkeiten und Hindernisse. Manchmal haben wir den Eindruck, dass bei allen anderen Menschen außer uns selbst alles problemlos läuft. Glauben Sie manchmal, dass Sie der einzige Mensch auf der Welt sind, der schwer arbeitet, der viele Probleme hat, der krank ist, der alles allein entscheiden muss?

In welchen Situationen empfinden Sie das besonders stark? Machen Sie sich dazu Notizen.

Was hilft Ihrer Erfahrung nach, dieser Haltung entgegenzusteuern? Lenken Sie sich durch Fernsehen ab, denken Sie an etwas anderes, suchen Sie das Gespräch mit Nachbarn oder Freunden?

Notieren Sie Ihre Gedanken.

In manchen Situationen vergessen wir leicht, dass die anderen Menschen das gleiche Recht haben wie wir. Wie neigen wir zur Rücksichtslosigkeit, wenn wir es eilig haben. Da empfinden wir die anderen leicht als Hindernisse. Die sollen uns doch aus dem Weg gehen! Oder stellen Sie sich vor, dass Sie eine Bank suchen, um sich hinzusetzen, weil Sie an diesem Tag Kreislaufprobleme haben. Auf allen Bänken aber, an denen Sie vorbeigehen, sitzen schon Leute, die gar nicht so aussehen, als hätten sie es nötig, sich auszuruhen.

Überlegen Sie, ob Sie schon einmal Ähnliches erlebt haben.

Wie haben Sie sich dabei gefühlt? Was haben Sie dabei über die anderen Menschen gedacht?

Können Sie sich eine andere Möglichkeit vorstellen zu reagieren?

Mit Situationen üben

Sie sind nicht allein auf der Welt

Oft sind wir ganz auf unsere eigenen Pläne und Vorhaben fixiert. Unser Anliegen scheint unheimlich wichtig und natürlich ganz dringend zu sein. Da kommt uns eine andere Person in die Quere: Jemand steht am Kopierer oder will vor uns in den Aufzug einsteigen. Ein Autofahrer nimmt uns die Vorfahrt, ein anderer vor uns bremst unerwartet. Werden Sie in diesem Moment ungehalten? Steigt in Ihnen Wut hoch? Versuchen Sie, Ihre erste Reaktion wahrzunehmen. Und erinnern Sie sich daran, dass auch andere Menschen Pläne und Absichten haben. Und sie haben genau das gleiche Recht wie Sie, zu kopieren oder zu bremsen.

Achten Sie in den nächsten Tagen auf solche Situationen. Notieren Sie sich am Abend, wie Sie sich dabei gefühlt haben.

Freundlichkeit wahrnehmen

Tagtäglich erhalten wir von vielen Menschen freundliche Gesten, kleine und große. Jemand hält uns die Tür auf, ein Autofahrer lässt uns einscheren, eine Frau im Bus nimmt ihre Tasche vom Sitz, so dass wir uns hinsetzen können. Ihr Partner oder Ihre Partnerin hat für Sie etwas Besonderes gekocht. Achten Sie in der kommenden Woche auf solche Gesten in Ihrem Alltag.

Zeigen Sie, dass Sie die Freundlichkeit der anderen Personen bemerkt haben und schätzen? Sagen Sie Danke – zumindest mit einem Lächeln oder einem kurzem Augenkontakt und Nicken!

Notieren Sie sich am Abend, welche freundlichen Gesten von anderen Sie tagsüber bemerkt haben.

Freundlichkeit verschenken

Auch wir können es uns leisten, freundlich zu sein. Das fällt uns manchmal ganz leicht. Genießen Sie diese Situationen bewusst. Überlegen Sie danach, wie Sie sich selbst fühlen, wenn Sie zu anderen freundlich sind.

In welchen Fällen ist es für Sie schwierig, freundlich zu sein? Versuchen Sie in den nächsten Tagen, auf solche Situationen zu achten. Und fragen Sie sich, was Sie daran hindert, freundlicher zu sein. Probieren Sie es doch einfach einmal aus. Schreiben Sie Ihre Erfahrungen in Ihr Tagebuch.

Uns selbst eine Chance geben

Vielleicht sind Sie irgendwann zu dem Entschluss gekommen, dass Sie unsportlich oder unmusikalisch sind. Oder Sie meinen, Sie seien auf anderen Gebieten unfähig. Vermutlich liegt das daran, dass Sie in der Vergangenheit negative Erfahrungen gemacht haben. Dennoch sollten Sie sich nicht der Möglichkeit berauben, auf diesen Gebieten etwas Interessantes zu erleben.

Möglicherweise meinen Sie aber auch, Sie seien der Größte oder die Beste auf einem bestimmten Gebiet. Die Leistungen anderer werten Sie dann grundsätzlich ab. Sie haben Schwierigkeiten, Ihre eigenen Fehler zu sehen.

Beobachten Sie in den nächsten Tagen, welche Haltung Sie zu Ihren eigenen Fähigkeiten einnehmen. Werten Sie sich selbst eher ab? Trauen Sie sich eher zu viel oder zu wenig zu?

Zu welcher Haltung tendieren Sie? Versuchen Sie, sich selbst eine faire Chance zu geben!

Anderen eine Chance geben

Manche Menschen mögen wir nicht besonders. Wir übertragen diese Abneigung dann sogar auf Äußerlichkeiten: Welche Kleidung sie trägt, was er sagt, wie sie sich gibt – das alles bewerten wir als »mag ich nicht«.

Achten Sie in den nächsten Tagen darauf, ob Sie das tun. Welche Menschen in Ihrer Umgebung betrifft es? Ist es Ihnen möglich, diese Person von einer neutraleren Warte aus zu bewerten? Schreiben Sie Ihre Entdeckungen in Ihr Buch.

Momentaufnahmen

Wir nehmen es als selbstverständlich hin, dass wir Launen und Stimmungen haben, die sich verändern. Wir gehen ganz selbstverständlich davon aus, dass wir uns weiterentwickeln und uns verändern. Wir werden klüger und verständnisvoller. Vielleicht erinnern wir uns daran, wie wir als Kinder oder junge Erwachsene waren. Jetzt sind wir natürlich ganz anders!

Wir würden nicht gern an einer Momentaufnahme eines bestimmten Tages für den Rest unseres Lebens gemessen werden. Genau das tun wir aber oft genug bei anderen. Stellen Sie sich vor, Sie träfen einen alten Bekannten. Er sagt, dass es ihm heute nicht gut gehe. Daraus schließen wir dann, er sei grundsätzlich depressiv. Er hat heute zufällig seine alte Jeans an. Wir erzählen weiter, dass er sich nachlässig kleidet.

Achten Sie auf solche Tendenzen, Gesamturteile über Menschen zu fällen, von denen Sie nur Momentaufnahmen kennen.

Aus Fehlern lernen

Fehler sind unvermeidlich, das ist eine Tatsache. Auch wenn wir uns bemühen, freundlich, verständnisvoll und aufmerksam zu sein: Es funktioniert nicht immer. Da haben wir uns schon wieder aufgeregt, da sprechen wir schon wieder schlecht über jemand anderen, da sind wir schon wieder abgelenkt und nicht bei der Sache! Nun, dachten Sie etwa, Sie seien ein Engel?

Fehler muss man vor sich und anderen eingestehen und, wo es nötig und möglich ist, auch wieder gut machen. Aber es besteht kein Grund, sich deswegen ewig schuldig und minderwertig zu fühlen. Es reicht der ehrliche Vorsatz, es beim nächsten Mal anders zu machen.

Seien Sie milde mit sich selbst – und mit anderen. Achten Sie auf Tendenzen, anderen oder sich selbst Fehler unverhältnismäßig lange nachzutragen. Fragen Sie sich, ob das wirklich nötig ist.

Zusammenfassung nach der sechsten Woche

Ist Ihnen klarer geworden, dass es den anderen Menschen nicht viel anders geht als Ihnen?

Nehmen Sie sich vor, in bestimmten Situationen andere mehr zu achten und zu beachten. Schreiben Sie einen Vorsatz in Ihr Tagebuch.

In folgenden Situationen möchte ich andere mehr achten ....

7. Woche

Das läuft wie geschmiert – die Macht der Gewohnheit

Hintergrund

Viele unserer täglichen Handlungsabläufe tun wir fast schlafwandlerisch und unbewusst: Zähne putzen, Schuhe zubinden, Auto fahren. Wir müssen glücklicherweise nicht jedes Mal von neuem überlegen, wie das geht. Es läuft wie von alleine ab, quasi automatisch. Das gilt nicht nur für technische Fertigkeiten, sondern auch für Denkmuster und Verhaltensweisen. Das sind unsere so genannten Gewohnheiten. Manche Gewohnheiten sind durchaus positiv, andere dagegen sind schädlich für uns selbst und womöglich auch für andere. Selbst wenn uns klar ist, dass es sich um eine schlechte Angewohnheit handelt, wie beispielsweise rauchen oder zu viel essen, fällt es uns doch schwer, damit aufzuhören. Wir halten also an Gewohnheiten fest, ja fast scheint es so, als ob sie uns im Griff hätten. Wir sprechen sogar von der »Macht der Gewohnheit«.

Manche Gewohnheiten treten ganz deutlich zu Tage wie zum Beispiel bei unserer Morgenroutine: Viele Leute duschen als Erstes, für andere ist die erste Handlung des Tages das Einschalten der Kaffeemaschine, wieder andere beginnen mit ihrer Morgengymnastik. Etliche Gewohnheiten sind aber auch nicht ganz so offensichtlich: Wie reagiere ich, wenn mich jemand ärgert? Wie verhalte ich mich in Stresssituationen? In der Lehre des Buddha ist der Begriff Gewohnheit aber noch viel weiter gefasst. Hier werden auch grundlegende Denkweisen als Gewohnheiten angesehen, all das, was wir normalerweise als Meinung, Überzeugung oder Weltanschauung definieren würden. Das Ihnen bereits bekannte Einteilen aller Eindrücke in die drei Raster »angenehm«, »unangenehm«, »neutral« ist eine solche Gewohnheit, genauso wie die Anschauung, ein »Ich« garantiere, dass wir existieren. Das Festhalten an solchen Gewohnheiten macht tief greifende Veränderungen unmöglich, lähmt uns, ja hält uns gefangen und kann daher sogar als unser Kernproblem betrachtet werden.

Die Lehre des Buddha gibt uns Methoden an die Hand, Gewohnheiten und ihre Macht, die sie auf uns ausüben, überhaupt erst einmal wahrzunehmen. Damit ist es möglich zu erkennen, wie wir immer wieder den gleichen Mustern folgen. Diese Erkenntnis kann an sich schon eine gewisse Lockerung der Gewohnheit bewirken. In der jetzt beginnenden Woche wird das unser Fokus sein.

Jede Gewohnheit hat eine Geschichte, und die kann weit zurückliegen. Im Buddhismus geht man davon aus, dass sie möglicherweise Millionen von Leben zurückliegt. Aber auch in einem einzigen Leben erfahren wir genügend Situationen, die uns dazu bringen, bestimmte Abwehrhaltungen oder Vermeidungsstrategien zu entwickeln. Diese mögen in der aktuellen Situation ihre Berechtigung haben. Oft werden sie aber beibehalten und weiter angewandt, auch wenn dafür keine Notwendigkeit mehr besteht.

Starke Gewohnheiten, die zum Teil sehr tief sitzen, die gleichsam in uns »eingraviert« sind, kann man nicht so ohne Weiteres ändern. Dazu sind Erkenntnis notwendig, ein fester Entschluss, Zeit, Geduld und Zuwendung zu uns selbst. Wenn wir das, was wir in uns entdecken, bewerten und uns selbst verurteilen oder verdammen, schaffen wir nur zusätzliche Probleme. Das hilft uns nicht weiter.

Fordern Sie sich selbst aber nicht allzu schnell zu vieles ab. Es soll zunächst nur darum gehen, Gewohnheiten zu erkennen.

Zum Nachdenken

Gewohnheiten, die unser körperliches Wohlergehen betreffen, sind relativ leicht zu erkennen. Welche Ess- und Schlafgewohnheiten haben Sie? Überlegen Sie einmal, was Sie am liebsten zum Frühstück, Mittagessen oder Abendessen zu sich nehmen. Können Sie ohne weiteres auf Tee, Kaffee, Bier oder Wein verzichten? Brauchen Sie unbedingt Butter, oder mögen Sie lieber Margarine? Essen Sie den Salat mit Zitrone, ohne Sahne?

Wann gehen Sie normalerweise schlafen? Schlafen Sie bei offenem oder geschlossenem Fenster? Muss das Zimmer abgedunkelt sein, oder mögen Sie es, wenn der Mond durchs Fenster scheint? Wie reagieren Sie auf Veränderungen dieser Gewohnheiten, zum Beispiel auf Reisen oder wenn Sie selbst Besuch haben? Wann können Sie sich leicht auf andere Umstände einstellen, welche Veränderungen hingegen bereiten Ihnen Schwierigkeiten?

Machen Sie sich dazu Notizen.

Welche anderen Gewohnheiten sind Ihnen lieb und teuer? Bei welchen Gewohnheiten lassen Sie sich nicht gerne stören? Bei einer Fernsehsendung, den Nachrichten oder einer Sportübertragung, beim Wetterbericht oder Ihrem Lieblingskrimi, beim Lesen der Zeitung, beim Mittagsschlaf, beim Abendspaziergang oder bei der Gartenarbeit? Wie reagieren Sie, wenn Sie jemand bei dieser Gewohnheit stört? Was empfinden Sie, wenn Sie Ihrer Gewohnheit nicht nachgehen können, beispielsweise weil Sie krank sind oder mehr und länger als sonst arbeiten müssen?

Schreiben Sie Ihre Gedanken auf.

Als Nächstes geht es um Gewohnheiten, die Ihre Reaktion in besonderen Situationen betreffen. Diese sind etwas schwieriger zu erkennen.

Denken Sie an eine Situation, in der Sie ein Kompliment, ein Lob oder eine Anerkennung erhalten haben. Vielleicht hat Ihr

Chef sich anerkennend über eine von Ihnen hervorragend gelöste Aufgabe geäußert, jemand hat bemerkt, dass Sie eine flotte neue Frisur haben, oder ein Kind strahlt Sie an, weil Sie mit ihm Fußball gespielt haben. Wie haben Sie reagiert? Wie gehen Sie mit Lob und Anerkennung um? Empfinden Sie spontan Freude, sind Sie stolz oder verlegen, wiegen Sie den Erfolg innerlich gegen alle anderen Zeiten des Misserfolgs auf? Führen Sie sich konkrete Situationen vor Augen und spüren Sie nach, wie Sie normalerweise auf Lob und Komplimente reagieren. Vervollständigen Sie die folgenden Sätze:

Wenn mich jemand lobt, reagiere ich mit ....

Wenn ich ein Kompliment bekomme, empfinde ich ....

Wie verhalten Sie sich in Situationen, in denen Sie einen Fehler gemacht haben, der womöglich noch von anderen Menschen bemerkt wurde. Werden Sie verlegen? Bekommen Sie einen roten Kopf? Versuchen Sie, von sich und dem Fehler abzulenken, oder schieben Sie die Schuld auf die Umstände oder auf andere Personen? Können Sie sich vorstellen, über diesen Fehler auch zu lachen?

Machen Sie sich Notizen dazu.

Mit Situationen üben

Spiegel oder Wanduhr umhängen

Wenden Sie eine einfache Methode an, um die Macht der Gewohnheit wahrzunehmen, indem Sie einen Spiegel, in den Sie oft schauen, oder eine Wanduhr umhängen. Sie haben diesen Vorsatz bewusst gefasst, schlagen den Nagel eigenhändig in die Wand und hängen den Gegenstand um. Trotzdem werden Sie vermutlich tagelang immer wieder auf die alte Stelle blicken. Probieren Sie es doch einmal aus. Wie fühlen Sie sich dabei?

Einen Moment warten

Wir meinen oft, in vielen Lebensbereichen schlagfertig sein zu müssen. Aber manchmal vergreift man sich im Ton und verletzt andere, nur um selbst in einem möglichst guten Licht dazustehen. Möglicherweise tut uns das später Leid.

Schon in den Übungen der ersten Woche haben Sie gelernt, dass Sie sich mit Ihren Reaktionen in bestimmten Situationen ein bisschen mehr Zeit lassen können. Sie haben geübt, ein paar Atemzüge zu warten, bevor Sie eine Antwort geben. Versuchen Sie das weiterhin. Sie könnten innerlich bis drei zählen oder zwei Mal ein- und ausatmen und erst dann antworten. In der so gewonnenen kleinen Pause können Sie spüren, wie Sie normalerweise reagieren würden. Sie werden vermutlich einen großen Drang spüren, Ihrer Gewohnheit zu folgen. Die kleine Pause gibt Ihnen jetzt aber die Chance, etwas Neues auszuprobieren und anders zu antworten, als Sie es sonst tun. Schon eine kleine Veränderung kann sich hier sehr positiv auswirken.

Nehmen Sie sich vor, in den nächsten Tagen auf solche Situationen zu achten, und schreiben Sie abends Ihre Erlebnisse in Ihr Notizbuch.

Körperliche Gewohnheiten

Über körperliche Gewohnheiten und Körpersprache haben wir uns bereits in der dritten Woche Gedanken gemacht. Das kann in dieser Woche weiter vertieft werden.

Die Auswirkungen von schlechten körperlichen Gewohnheiten, wie zum Beispiel einer verkrampften oder krummen Körperhaltung, sind als steifer Nacken, verspannte Schultern oder Kopfschmerzen bald zu spüren. Hier kann Ihnen eine entsprechende Entspannungs- oder Wirbelsäulengymnastik helfen. Sie kann sich zudem so auswirken, dass Sie sich auch außerhalb der Gymnastikstunde gelegentlich Ihrer Körperhaltung bewusst werden. Das heißt, dass Sie zuerst die Haltung wahrnehmen, die Sie gewöhnlich einnehmen und die womöglich verkrampft oder schief ist. In einem nächsten Schritt korrigieren Sie diese Gewohnheit. Sie versuchen also, eine schlechte Gewohnheit durch eine gute zu ersetzen.

Versuchen Sie mehrmals während Ihres Arbeitstages, Ihre Schultern zu bemerken. Sind Sie verspannt, zu weit nach vorne oder nach hinten gedrückt? Versuchen Sie bewusst, Ihre Schultern zu entspannen.

Schreiben Sie in Ihr Tagebuch, was dabei passiert ist.

Starke Ess- und Trinkgewohnheiten

Wir haben schon vorhin über Essgewohnheiten gesprochen. Die meisten Menschen haben die Angewohnheit, zu viel Kaffee oder Alkohol zu trinken, zu viel Fett oder zu viel Schokolade zu essen. Es werden immer wieder gute Vorsätze gefasst, die dann doch nicht eingehalten werden.

Manche Menschen sprechen spaßeshalber von ihrer Sucht nach Kaffee oder Schokolade. Wenn Sie allerdings tatsächlich ein Suchtverhalten bei sich feststellen, brauchen Sie unbedingt professionelle Hilfe. Wenden Sie sich dann an entsprechende Kliniken oder Selbsthilfegruppen.

Bei Menschen, die »nur« starke, eingefahrene Gewohnheiten haben, kann wiederum die Aufmerksamkeit helfen: Versuchen Sie, Ihren Wunsch nach Kaffee, Schokolade, Bier oder was immer es sein mag, wahrzunehmen. Halten Sie dann inne. Spüren Sie Ihren Drang. Wo sitzt er – im Kopf, im Bauch, im ganzen Körper? Spüren Sie genau nach. Versuchen Sie sich zu entspannen. Achten Sie auf Ihren Atem. Vielleicht können Sie diesen Drang nach den Genussmitteln mit dem Ausatmen loslassen. Stehen Sie dann auf und tun Sie etwas anderes, als in die Küche zu gehen und sich das zu holen, nach dem Sie schmachten. Vielleicht könnten Sie stattdessen auf den Balkon gehen und an den Blumen riechen oder Musik anschalten und ein wenig tanzen?

Versuchen Sie auf jeden Fall, zwischen dem Drang, Ihrer Gewohnheit zu folgen, und dem Nachgeben eine gewisse Zeit vergehen zu lassen – als Puffer sozusagen oder auch als Möglichkeit, sich des Drangs überhaupt erst einmal bewusst zu werden und dann vielleicht anders als gewohnt zu handeln.

Wenn Sie dann immer noch den Wunsch nach Ihrem Lieblingsgetränk oder Ihrer Leib- und Magen-Süßigkeit haben – gehen Sie bewusst und freudig in die Küche. Gönnen Sie es sich. Führen Sie alle Vorbereitungen zum Essen oder Trinken achtsam aus. Hören Sie die entsprechenden Geräusche. Nehmen Sie aufmerksam die Gerüche wahr. Genießen Sie in vollen Zügen ohne schlechtes Gewissen.

Experimentieren Sie in den nächsten Tagen mit Ihrem Drang nach Dingen, auf die Sie eigentlich verzichten wollen. Notieren Sie Ihre Entdeckungen und Erlebnisse. Erwarten Sie keine schnellen Veränderungen und nehmen Sie sich selbst dabei nicht zu ernst.

Stimmungen

Auch Stimmungen und Launen sind Gewohnheiten. Das glauben Sie nicht? Es gibt Menschen, die eine bestimmte Grundhaltung dem Leben gegenüber einnehmen. Wir sprechen von Optimisten und Pessimisten – je nachdem, ob sie das halb gefüllte Glas Wasser als halb voll oder halb leer bezeichnen. Bei anderen oder uns selbst können wir solche Haltungen als alltägliche Stimmungsschwankungen betrachten.

Manchmal bemerken wir unsere Stimmungen aber auch gar nicht. So kann es sein, dass wir plötzlich feststellen, wie wir fröhlich singen oder pfeifen. Und die gewohnten Probleme scheinen heute ganz klein zu sein. Ähnliches gilt für Tage, an denen wir mürrisch sind und vielleicht gar nicht wissen warum.

Beobachten Sie in den nächsten Tagen Ihre Stimmungen. Bleiben sie relativ konstant oder erleben Sie starke Stimmungsschwankungen? Geben Sie Ihrer jeweiligen Stimmung nach oder gelingt es Ihnen trotz schlechter Grundstimmung, ein einigermaßen erträglicher Mensch zu bleiben?

Fragen Sie sich, ob es wirklich notwendig ist, sich von der momentanen Stimmung den ganzen Tag verderben zu lassen. Vielleicht gelingt es Ihnen sogar, über Ihr Murren ein wenig zu lachen.

Notieren Sie Ihre Beobachtungen.

Schubladen-Denken

Andere Menschen begegnen uns auf der Straße. Im Eilverfahren taxieren wir ihre Kleidung, ihr Aussehen, ihre Gangart, ihr Benehmen, ihren Gesichtsausdruck. Hier kommt das schon mehrfach erwähnte Raster von »angenehm«, »unangenehm«, »neutral« wieder zum Tragen. Aber wir teilen in dieser Situation häufig noch weiter ein in »interessant« und »uninteressant«, »sympathisch« und »»unsympathisch« und so fort. Dann stecken wir die Person in eine Schublade: »dumme Blondine«, »Macho«, »Bürohengst«, »Tippse«, »verwöhnter Balg« und wie unsere Kategorien alle heißen mögen. Achten Sie in den nächsten Tagen darauf, wie Sie fremde Menschen taxieren und bewerten. Nach welchen Kategorien teilen Sie Ihre Mitmenschen ein? Welche Bezeichnungen tragen Ihre Schubladen?

Schreiben Sie Ihre Entdeckungen in Ihr Tagebuch.

Zusammenfassung nach der siebten Woche

Haben Sie Ihre Gewohnheiten besser kennen gelernt?

Haben Sie neue Gewohnheiten in sich und an sich entdeckt?

Ist Ihnen deutlich geworden, wie stark Ihr Leben von Gewohnheiten bestimmt ist?

Ist Ihnen klar, dass nur Sie selbst für Ihre Gewohnheiten verantwortlich sind?

Welche Gewohnheit möchten Sie wirklich ändern?

Schreiben Sie als Vorsatz in Ihr Buch:

Ich möchte wirklich folgende Gewohnheit ändern: ....

Lesen Sie diesen Satz jeden Tag.

8. Woche

Der innere Dialog

Hintergrund

Wir lachen oft über Menschen, die Selbstgespräche führen. Dabei tun diese Menschen nur das laut, was wir alle unaufhörlich leise machen: Sie reden mit sich selbst.

Wir beraten morgens mit uns selbst, was wir anziehen sollen, was wir zu erledigen haben, wir urteilen über unser Aussehen (»Soll ich mir noch die Haare waschen?«) und ob wir uns auf dem Weg zur Arbeit beeilen müssen. All dies sind einfach Gedanken, die in den Vordergrund getreten sind.

Natürlich sind Gedanken wichtig, um Probleme zu lösen, Neues vorzubereiten und Dinge zu planen. Aber wir hören gar nicht mehr auf zu denken, auch wenn schon längst alles geplant ist. Wir unterhalten uns mit unseren Gedanken sozusagen selbst, so dass uns nie langweilig wird. Das ist ein ständiges geistiges Geplaudere. »Ich denke, also bin ich«, behauptete einmal Descartes. Es scheint so, als hätten wir diese Aussage völlig verinnerlicht und würden sie sklavisch befolgen. Wir glauben sogar an ihre Umkehrung: »Wenn ich nicht denke, bin ich nicht!«

»Höre niemals auf zu denken« – das scheint unser Motto. Denn, wer weiß, was geschieht, wenn wir aufhörten zu denken! Wir fürchten uns vor der Lücke, die dann entstehen könnte. Daher füllen wir alles mit Gedanken aus. Wir hegen und pflegen sie. Wir spielen mit ihnen. Wir errichten Gedankengebäude, wie ein Kind mit Bauklötzen spielt, und lassen sie wieder einstürzen. Wir bauen Luftschlösser und fantasieren. Wir malen uns zuweilen ein künftiges Ereignis in allen düsteren Farben aus, um vor unliebsamen Überraschungen gefeit zu sein. Manchmal aber sind uns Gedanken so unangenehm, dass wir sie einfach wegdrängen.

Wir versuchen, uns mit Gedanken an die Vergangenheit zu klammern, um sie wieder lebendig werden zu lassen. Wir haben eine schreckliche Situation überstanden und kommen von dem Gedanken nicht los, dass wir so etwas nie wieder erleben wollen. Wir glauben an unsere Gedanken und an die Geschichten, die wir uns selbst in Gedanken erzählen. Das heißt, sie erscheinen uns wirklich, furchtbar ernst und ganz wichtig.

Gedanken sind ein seltsames Phänomen. Manchmal scheint es, als ob man frei über sie verfügen könne. Ich kann mir über ein bestimmtes Thema Gedanken machen. Manchmal übertreibt man damit auch. Dann raten Freunde: »Mach dir nicht so viele Gedanken über dieses Problem!« Gedanken lassen sich aber auch leiten – wenn ich ein Buch lese, folge ich den gedanklichen Bildern des Autors. Schließlich gibt es Gedanken, die uns unerwünscht sind, aber dennoch immer wieder kommen. Sie scheinen ein Eigenleben zu führen, sie drängen sich uns auf. Dann sagen wir: »Ich werde diesen Gedanken nicht los.«

Die buddhistischen Meditationsmethoden beschäftigen sich intensiv mit dem Phänomen der Gedanken. Sie untersuchen, was ein Gedanke überhaupt ist, woher er kommt, wo er sich aufhält, wenn wir ihn denken, und wohin er geht. Man untersucht, wer oder was da eigentlich denkt. Die Methoden leiten auch an, Gedanken nicht überzubewerten. Andererseits kann man auch lernen, über geistige Aktivität und Kreativität zu staunen. Man versucht nun nicht, die geistige Aktivität quasi auf Sparflamme herabzudrosseln. Es geht vielmehr darum, sich von den vielen Gedanken nicht mitreißen und nicht in die Irre führen zu lassen. Wenn man sehr viele Gedanken hat, führt das oft zu einem Gefühl von Enge und Bedrücktsein. Hier mag die Vorstellung helfen, dass es um uns herum von Natur aus genügend Raum für alle jemals möglichen Gedanken gibt. Sie können sich dort tummeln – ohne dass man sich von ihnen stören lässt.

In dieser Woche wollen wir uns also mit unseren Gedanken beschäftigen. Dazu müssen wir lernen wahrzunehmen, dass wir ständig mit uns selbst im Gespräch sind. Und vielleicht merken Sie dann auch, dass es fast unmöglich ist, dieses innere Gespräch anzuhalten.

Was ist gegen das innere Selbstgespräch einzuwenden? Zum einen läuft es meist unbewusst ab und bestimmt doch gleichzeitig unsere Handlungen. Das Ziel in der Lehre des Buddha ist, sich aller Geschehnisse bewusst zu sein. Wir können es uns also nicht erlauben, den gedanklichen Bereich einfach auszuklammern. Nur sollte man hier schon genau hinsehen. Der innere Dialog lenkt uns ab von dem, was in der Situation selbst gerade passiert.

Die Beschäftigung mit inneren Gesprächen kostet zudem Energie und Kraft. Alles über den Kopf lösen zu wollen kann ihn förmlich zum Platzen bringen, kann wirklich Kopfschmerzen verursachen.

Allerdings wollen wir nicht versuchen, den inneren Dialog gewaltsam anzuhalten: Das ist ohnehin nicht möglich. Aber wir brauchen ihn auch nicht weiter zu nähren und in Gang zu halten. Wie beim Autofahren können wir gleichsam die Kupplung treten, den Gang rausnehmen und das Auto einfach ausrollen lassen. Selbst ohne neue Energiezufuhr wird das Fahrzeug noch eine ganze Weile weiterrollen.

Dies wird positive Auswirkungen auf unseren Alltag dadurch haben, dass wir grundsätzlich aufmerksamer werden, wenn wir uns nicht so stark von dem permanenten inneren Gespräch beherrschen lassen.

Zum Nachdenken

Nehmen Sie sich einige Minuten Zeit und setzen Sie sich bequem hin. Achten Sie auf Ihren Atem. Lassen Sie Ihren Geist möglichst entspannt und locker, so als würden Sie die Zügel eines Pferdes loslassen, so dass es hintraben kann, wo es möchte. Denken Sie an nichts Bestimmtes. Fragen Sie sich nach etwa zehn Minuten: Worum kreisten meine Gedanken eben hauptsächlich – um Erinnerungen, Zukunftspläne, Wunschträume? Haben Sie sorgenvoll über Ihren Beruf, Ihre Familie oder Finanzen nachgedacht? Notieren Sie:

Ich habe vor allem an .... *gedacht.*

Im Allgemeinen meinen wir, denken zu können, was wir wollen. Aber stimmt das wirklich? Unterliegt Ihr Denken tatsächlich Ihrem Willen? Funktioniert das in der Regel oder nur manchmal? Gibt es Situationen, in denen Gedanken Sie von dem ablenken, was Sie eigentlich tun wollen?

Gibt es für Sie gedankliche Grenzen oder Tabus? Ist manches undenkbar oder unvorstellbar? Haben Sie Kontrolle über Ihre Gedanken oder die Gedanken über Sie?

Notieren Sie Ihre Einfälle in Ihr Notizbuch.

Gibt es Situationen, in denen vielleicht auch scheinbar keine Gedanken auftauchen, etwa wenn Sie müde oder ganz entspannt sind? Überlegen Sie, ob Sie solche Momente in Ihrem Leben kennen.

Schreiben Sie Beispiele auf.

Wie fühlen sich Ihre Gedanken für Sie an? Womit würden Sie sie vergleichen? Welche Bilder fallen Ihnen ein? Sind Gedanken wie Wellen, wie eine Quelle oder ein Springbrunnen, wie ein Feuerwerk oder ein Vulkanausbruch, wie ein laues Lüftchen oder ein Wirbelsturm?

Notieren Sie Ihre Assoziationen und Bilder in Ihr Notizbuch.

Gedanken sind für mich wie ....

Mit Situationen üben

Die Gedankenmaschine springt an

Morgens nach dem Aufwachen kommt unsere Gedankenmaschine oft nur langsam in Gang.

Beobachten Sie sich morgens, nachdem der Wecker geklingelt hat. Oft weiß man zunächst gar nicht, welcher Wochentag ist oder wie die Pläne für heute aussehen. Erst allmählich strömen die Gedanken herein: »Natürlich, heute ist doch Donnerstag, da ist die Dienstbesprechung. Da muss ich unbedingt erwähnen, dass …«

Beobachten Sie in den nächsten Tagen, welche Gedanken in Ihnen gleich nach dem Aufwachen aufsteigen.

Gedanken wandern

Wenn wir uns nicht mit ganzer Kraft auf etwas Bestimmtes konzentrieren müssen, wandern unsere Gedanken umher – etwa beim Autofahren oder beim Kochen, manchmal in kleinen Pausen, die wir während der Arbeit einlegen.

Wohin wandern Ihre Gedanken dann? Versuchen Sie in den nächsten Tagen, das Wandern Ihrer Gedanken zu bemerken. Bleiben die Gedanken beim gleichen Thema? Springen Sie von einem Thema zum anderen?

Notieren Sie Ihre Entdeckungen in Ihr Notizbuch.

Woher kommen Gedanken?

»Mir ist da ein Gedanke gekommen«, sagen wir manchmal. Wo stammt dieser Gedanke eigentlich her? Er scheint plötzlich da zu sein, gleichsam vom Himmel gefallen oder aus dem Nichts heraus entstanden. Achten Sie in den nächsten Tagen auf dieses Phänomen: Plötzlich ist ein Gedanke da. Einfach so.

Wohin gehen Gedanken?

Gedanken dauern aber nicht ewig an, sie verschwinden auch wieder. Haben Sie sich schon einmal überlegt, wohin diese Gedanken eigentlich gehen?

Sie haben plötzlich den Faden verloren und wissen nicht mehr, was Sie sagen wollten. Ihr Kopf ist wie leergefegt Was ist da passiert? Ist der Faden gerissen oder war er zu Ende? Wo finden Sie sein Ende, um ihn wieder aufzunehmen?

Achten Sie in den nächsten Tagen darauf, wie Ihre Gedanken auftauchen und wieder verschwinden. Schreiben Sie Ihre Entdeckungen in Ihr Notizbuch.

Angenehme und unangenehme Gedanken

Auch für Gedanken gilt, dass manche angenehm, andere unangenehm und wieder andere Ihnen gleichgültig sind. Der Gedanke an einen Abend mit Freunden mag angenehm sein, der Gedanke an den nächsten Zahnarztbesuch wahrscheinlich unangenehm.

Wie gehen Sie mit unangenehmen Gedanken um? Versuchen Sie, sich abzulenken oder krampfhaft an etwas Schönes zu denken? Wie gehen Sie dabei genau vor? Haben Sie Erfolg damit?

Sie denken an etwas Angenehmes. Das Klingeln des Telefons reißt Sie aus Ihren Gedanken. Beobachten Sie Ihre Empfindungen und Reaktionen und notieren Sie sie in Ihrem Buch.

Bemerken und stoppen

Können Sie die innere Zwiesprache, die Sie mit sich führen, hören? Machen Sie gelegentlich ein Experiment: Versuchen Sie, Ihr inneres Gespräch einmal anzuhalten. Sollte es Ihnen gelingen, beobachten Sie bitte, was dann genau passiert. Notieren Sie Ihre Entdeckungen.

Still und doch laut

Im Wartezimmer beim Arzt oder frühmorgens in der Bahn auf dem Weg zur Arbeit sind die meisten Menschen still. Dennoch kann man davon ausgehen, dass alle mit ihrem inneren Dialog beschäftigt sind. Manche Kinofilme haben dieses Phänomen dargestellt, in Wim Wenders Film »Der Himmel über Berlin« gibt es beispielsweise viele solcher Szenen.

Vergegenwärtigen Sie sich bei der nächsten Gelegenheit, dass die Stille nur Schein ist. Jeder spricht eigentlich mit sich selbst. Vielleicht versuchen Sie sich dieses Phänomen zu vergegenwärtigen, indem Sie sich fragen, was Ihr Sitznachbar wohl gerade denkt.

Welche Beobachtungen haben Sie gemacht?

Zusammenfassung nach der achten Woche

Ist Ihnen bewusster geworden, dass in Ihnen und in Ihren Mitmenschen in jedem Moment eine geistige Aktivität stattfindet?

Bemerken Sie Ihren inneren Dialog jetzt öfter?

Gelingt es Ihnen, über diese ständige geistige Aktivität zu staunen?

Schreiben Sie Ihre Entdeckungen in Ihr Buch.

9. Woche

♉

Die Welt durch eine andere Brille sehen

Hintergrund

Wenn wir verliebt sind, scheinen wir die Welt durch eine rosarote Brille zu betrachten. Sind wir pessimistisch, so sieht man sie nur in düsteren Farben. Ein bestimmtes Thema kann ein rotes Tuch für uns sein, so dass wir wie ein Stier darauf anspringen.

Wir alle tragen gleichsam Brillen, die unsere Wahrnehmungen färben. Wir sehen die Welt um uns herum dann in einer entsprechenden Färbung, so wie das Glas einer Sonnenbrille alles beispielsweise braun oder grün aussehen lässt. Und die Art von Brille, die wir tragen, hängt von unserer inneren Einstellung ab oder von unserer Stimmung, unserer jeweiligen Tagesform, aber auch von tieferen Weltanschauungen.

Das bedeutet, dass unsere innere Haltung unsere Wahrnehmung bestimmt, die Bewertung des Wahrgenommenen und schließlich auch unser Verhalten. Dieses Phänomen haben wir schon im Abschnitt »Sichtweise, Meditation und Handlung« kennen gelernt. Vielleicht kann es in dieser Woche ganz hilfreich für Sie sein, diesen Abschnitt noch einmal zu lesen.

Den Verliebten erinnern die Regentropfen an die Berührung der Geliebten, er geht singend durch den Regen und freut sich dabei. Der Pessimist hingegen ärgert sich über das miese, regnerische Wetter und fürchtet, sich zu erkälten.

Wir alle haben eine Vielzahl solcher Brillen, die wir je nach Stimmung tragen. Manche Brillen tragen wir schon sehr lange und wir haben uns so sehr an sie gewöhnt, dass wir sie gar nicht mehr bemerken. Der Blick durch die Gläser scheint uns ganz normal.

Offene Gespräche mit Freunden und Bekannten zeigen das gelegentlich. Da können dann Sätze fallen wie: »Das sehe ich nicht so«, oder »Das sehe ich ganz anders«. Viele von Ihnen kennen diese Situation sicherlich. Normalerweise können wir es auch akzeptieren, dass unsere Mitmenschen manche Dinge anders betrachten als wir. Wir haben gelernt, dass es völlig in Ordnung ist, auch mal verschiedener Meinung zu sein. Dennoch kann ein solcher Meinungsaustausch hitzig und unfair werden, besonders wenn Meinungen und Ansichten mit Eigeninteressen verbunden sind. In einer Auseinandersetzung zwischen Mieter und Vermieter beispielsweise hat die Ansicht, wer für eine bestimmte Reparatur zuständig ist, sofort finanzielle Auswirkungen für die eine oder andere Seite. Schlimm wird es dann, wenn Ansichten aggressiv verteidigt oder durchgesetzt oder bestimmte Meinungen einfach unterdrückt werden. Meinungsvielfalt ist ein Grundpfeiler unserer Demokratie, die Unterdrückung von anderen Meinungen ein Merkmal von Diktaturen.

Was also zunächst ganz harmlos klingen kann, wenn wir von unterschiedlich gefärbten oder geschliffenen Brillengläsern sprechen, ist eine höchst emotionale Angelegenheit, die unser ganzes Leben bestimmt und in letzter Konsequenz sogar lebensgefährlich sein kann.

Hier soll es um Haltungen gehen, die wir dem Alltag, unserer Arbeit oder dem Leben gegenüber einnehmen. »Einstellung« – das Wort drückt schon aus, dass da ein willentlicher Akt geschehen ist. Ich stelle beispielsweise ein Fernglas ein oder einen Fotoapparat, bei dem ich zuerst die Blende, dann die Entfernung und Aufnahmedauer einstelle. Ein Radio kann ich auf eine bestimmte Frequenz und einen Sender einstellen. Ich treffe dabei Entscheidungen. Je nachdem, wie ich das Gerät eingestellt habe, liefert es mir bestimmte Informationen, die ich dann auswerte.

Genau der gleiche Prozess geschieht bei unseren inneren Einstellungen. Wenn ich voller Unlust und Widerwillen zur Arbeit gehe, werde ich unfreundlich und mürrisch zu meinen Kollegen sein und der Tag wird nicht gut laufen. Vielleicht werde ich dann abends denken: »Ich habe mir schon heute morgen gedacht, dass dies ein blöder Tag wird.«

Es soll nun nicht darum gehen, sich zu zwingen, immer gut gelaunt zu sein oder »positiv« zu denken. Zunächst ist es wichtig, die eigenen inneren Haltungen und Einstellungen überhaupt wahrzunehmen. Denn diese Einstellungen legen uns auf einen bestimmten Empfangsbereich fest. Dinge außerhalb davon können wir dann nicht wahrnehmen. Wir laufen immer auf der gleichen Schiene, dem gleichen Gleis. So können wir niemals die Kreativität des Lebens, seinen Reichtum an Möglichkeiten, erfahren.

Aus buddhistischer Sicht ist es von großer Wichtigkeit, sich der eigenen Einstellungen bewusst zu sein. Denn sie bestimmen unsere Wahrnehmung, unser Denken, unser Fühlen und schließlich auch unser Handeln. Nach und nach müssen alle Einstellungen, die dazu führen, dass wir nur einen Bruchteil unseres möglichen Wahrnehmungsspektrums erfahren, aufgegeben werden, denn sie verhindern, dass wir offen und unvoreingenommen, also ohne Vor-Einstellung und Vorurteil, an die Dinge herangehen können. Dann reagieren wir auch nicht angemessen, sondern folgen eher unseren alten Gewohnheiten. Wenn wir dagegen für jede Situation, jede Erfahrung und jede Person offen sind, uns also allem zuwenden, was uns begegnet, dann erwächst daraus spontan ein Handeln, dass einzig das Wohl der anderen im Auge hat. Daher wird die Grundeinstellung oder Motivation im Mahayana-Buddhismus auch so ausgedrückt: Unsere Motivation ist, zum Wohle aller Lebewesen Erleuchtung zu verwirklichen.

In der kommenden Woche wollen wir unseren Einstellungen auf die Spur kommen. Wir können dann lernen, dass sie nicht unverrückbar sind. Wenn wir erkennen, wie willkürlich unsere alltäglichen Voreingenommenheiten sind, nehmen wir sie vielleicht auch nicht mehr ganz so tragisch und ernst. Schon allein dadurch lockern sie sich etwas und eröffnen neue Perspektiven. Jede und jeder von uns könnte so durch eigenes Tun zu einem toleranteren Umgang miteinander in unserer Gesellschaft beitragen.

Zum Nachdenken

Wie würden Sie Ihre eigene Grundhaltung im Alltag beschreiben? Freuen Sie sich auf den nächsten Tag, auf neue Eindrücke, neue Begegnungen mit Menschen? Oder erleben Sie das Morgen als Belastung oder Bedrohung, sehen Sie vor allem die anstehenden oder möglichen Probleme? Krampft sich vielleicht ihr Magen zusammen, wenn Sie daran denken, sind Ihre Schultern verspannt? Versuchen Sie, sich an ganz konkrete Momente zu erinnern. Notieren Sie dann Ihre Gedanken in Ihr Buch:

Wenn ich an morgen denke, empfinde ich ....

Auch zu Menschen haben wir bestimmte Einstellungen. Wir haben uns eine Meinung über sie gebildet und begegnen Ihnen vielleicht vertrauensvoll oder aber mit Vorsicht. Überlegen Sie in Ruhe: Mit welcher Einstellung betrachten Sie Ihren besten Freund oder Ihre beste Freundin, Ihre Familie, Ihre Kollegen, Ihre Freunde?

Was fällt Ihnen besonders auf? An wen haben Sie besonders große Erwartungen? Wen betrachten Sie mit Misstrauen?

Notieren Sie Ihre Entdeckungen.

Sicherlich haben Sie auch politische und religiöse Einstellungen. Welche anderen politischen Richtungen oder Weltanschauungen können Sie akzeptieren? Vor einiger Zeit gab es einen Gerichtsprozess, in dem verhandelt wurde, ob eine muslimische Lehrerin in der Schule mit Kopftuch erscheinen darf. Diese Themen sind nicht nur auf einer individuellen Ebene, sondern auch gesellschaftlich brisant.

Vielleicht sind Sie auch besonders bemüht, sich politisch und ökologisch korrekt zu verhalten: Sie kaufen keine Produkte, die in der Dritten Welt von Kindern hergestellt wurden, oder die aus genmanipulierten Verfahren stammen. Möglicherweise ernähren Sie sich streng vegetarisch. Wie auch immer Ihre Einstellung ist, es wird immer Menschen geben, die ganz anderer Überzeugung sind als Sie und deshalb anders leben. Und diese Menschen mögen durchaus sympathisch und intelligent sein.

Seien Sie mal ehrlich: Wie weit reicht Ihre Toleranz? Welche Einstellungen können Sie gerade noch akzeptieren, welche nicht? Ziehen Sie Ihre Einstellung auch manchmal in Zweifel? Wenn ja, wann passiert das? Notieren Sie Beispiele und Situationen.

Mit Situationen üben

Brillentausch

Ein Freund oder eine Freundin von Ihnen hat zu einer bestimmten Sache eine ganz andere Meinung als Sie. Versuchen Sie, in einer ruhigen Minute diese andere Perspektive einzunehmen und die Welt von dort aus zu betrachten. Versuchen Sie, mit Ihrer Freundin oder Ihrem Freund gleichsam Brillen zu tauschen.

Probieren Sie das auch einmal während eines Gesprächs. Sie könnten es auch in Worten ausdrücken: »Also, ich versuche das jetzt auch mal von deiner Warte zu sehen. Du meinst, dass ...« Gelingt Ihnen das leicht oder bereitet es Ihnen Schwierigkeiten?

Eine ganz andere Stadt

Sie kennen sich in der Stadt, in der Sie leben, aus. Alles scheint Ihnen vertraut. Versetzen Sie sich einmal in die Lage einer 80-jährigen Frau oder eines kleinen Kindes. Was ist für diese Menschen interessant? Wo gehen diese Menschen hin, wo kaufen Sie ein? Wo setzt sich die alte Dame hin, wenn Sie nicht mehr weitergehen kann? Wo kann ein kleines Mädchen aufs Klo gehen? Wie kommt eine Frau mit Kinderwagen zur U-Bahn-Haltestelle? Wenn Sie das nächste Mal durch »Ihre« Stadt gehen, versuchen Sie, eine andere Perspektive einzunehmen. Was fällt Ihnen dabei auf? Notieren Sie abends Ihre Entdeckungen in Ihr Buch.

Auf Empfang stellen oder abschalten

Am Nachbartisch entbrennt eine heftige Diskussion über ein interessantes Thema. Sie hören mit, verfolgen die Argumentation, beziehen innerlich Stellung für die eine oder andere Meinung. Sie erregen sich, werden vielleicht sogar ärgerlich. Sie haben sich auf Empfang eingestellt. Sie könnten aber auch auf »Abschalten« stellen und Ihre Aufmerksamkeit auf etwas anderes richten. Sie verfolgen das Gespräch nicht, hören nur wie von fern die Stimmen. Sie bleiben ganz in Ihrer Mitte. Probieren Sie einmal in einer konkreten Situation beide Haltungen aus.

Den Fokus ändern

Sicherlich kennen Sie die 3-D-Bilder, bei denen man gewissermaßen schielen muss, um das sonst nicht sichtbare Objekt zu erkennen. Bekannt sind auch geometrische Abbildungen gleich langer Strecken, die durch unterschiedliche Pfeile unterschiedlich lang wirken. Oder Vexierbilder – das sind Zeichnungen, auf denen mal der eine, mal der andere Gegenstand erkannt wird, je nachdem, wie wir unsere Augen fokussieren. Unsere Wahrnehmung ist also vom Fokus unserer Augen abhängig und wird zudem oft getäuscht, wie wir das bei optischen Täuschungen ja immer wieder feststellen können.

Wie bei einem Fotoapparat können wir unser Wahrnehmungsfeld einstellen auf »Nahaufnahme«, »Weitwinkel« oder »Tele«. Versuchen Sie es! Was passiert dabei?

Das Gleiche gilt auch für Bereiche, bei denen wir uns gar nicht bewusst sind, dass wir fokussieren. Ein Problem kann einmal riesengroß erscheinen, dann wieder ganz klein und nebensächlich. Versuchen Sie, das Problem wie durch verschiedene Fotolinsen zu betrachten. Was geschieht dann?

Verschiedene Transportmittel

Besonders in der Stadt stehen uns verschiedene Transportmittel zur Verfügung. Zum Einkaufen nehmen wir eher das Auto, in die Innenstadt vielleicht den Bus oder das Fahrrad. Wir sind aber auch Fußgänger. Interessant ist, wie wir uns sofort mit der jeweiligen Perspektive identifizieren. Sobald wir hinter dem Steuer sitzen, meinen wir, Fahrradfahrer verhielten sich leichtsinnig und gefährlich. Wir als Autofahrer müssen dann unglaublich aufpassen, denn dem Autofahrer wird ja immer die Schuld in die Schuhe geschoben, wenn ein Unfall geschieht. Auf dem Fahrrad ist uns sofort klar, dass Auto- und Lastwagenfahrer rücksichtslos und egoistisch sind. Als Fußgänger kann man nur den Kopf schütteln über die vielen Autos, die alle Wege voll parken, und über die Verkehrspolitik, die den Rasern Vorfahrt gewährt.

Achten Sie in den nächsten Tagen besonders darauf, welche Perspektiven und Einstellungen Sie im Straßenverkehr einnehmen. Was fällt Ihnen auf?

Zusammenfassung nach der neunten Woche

Ist Ihnen deutlicher geworden, dass Ihre Wahrnehmungen von Ihren Einstellungen abhängen?

Gelingt es Ihnen manchmal, eine andere Brille aufzusetzen?

Welche Ihrer inneren Haltungen empfinden Sie als leicht veränderbar?

Welche Ihrer Einstellungen sind Ihnen besonders wichtig?

Meine Haltung zu .... *ändert sich gelegentlich.*

Meine Einstellung zu .... *ist mir ganz wichtig.*

Machen Sie sich dazu Notizen in Ihr Buch.

10. Woche

Womit identifizieren Sie sich?

Hintergrund

Es war schon mehrmals davon die Rede, dass die Lehren des Buddha dazu ermutigen, alles in Frage zu stellen. Unser nächstes Experimentierfeld ist die Definition von uns selbst.

In diesem Zusammenhang beschäftigen Sie sich mit folgenden Fragen: Wer sind Sie? Wie würden Sie sich selbst beschreiben? Was sind Ihrer Meinung nach Ihre persönlichen Stärken? Was ist besonders an Ihnen? Welche Charaktereigenschaften haben Sie? Welche Meinungen und welche politische Richtung vertreten Sie? Und welche Haltungen drücken Sie indirekt aus, indem Sie bestimmte Dinge mögen und andere ablehnen? Ist es Ihnen wichtig, Ihren Kindern Werte zu vermitteln, und wenn ja, welche? Aber besonders wichtig ist die Frage, womit wir uns eigentlich identifizieren. Identifizieren Sie sich mit Ihrem Beruf oder Ihrer sozialen Position? Was bedeutet Ihnen Familie? Welchen Stellenwert haben materielle Dinge für Sie, beispielsweise ein Auto oder ein Haus?

Bis zu einem gewissen Ausmaß identifizieren wir uns alle mit unserem Körper. Wenn wir ihn beobachten, müssen wir jedoch feststellen, dass er sich im Laufe der Zeit verändert. Gesundheit und Krankheit wechseln sich ab. Wir werden älter. Wir wissen aus der Biologie, dass Körperzellen entstehen und absterben. Wir nehmen Nahrung zu uns, verdauen sie, produzieren Wärme, scheiden aus und atmen. Unser Körper bleibt nie gleich. Mit welchem Körper wollen Sie sich also identifizieren, mit dem vor dem Frühstück oder dem nach dem Frühstück, mit dem von gestern oder dem von heute?

Ähnliches gilt für Gefühle, Stimmungen und Meinungen. Sich mit Freude zu identifizieren mag ja noch eine angenehme Vorstellung sein. Aber wäre es Ihnen Recht, wenn Ihre Umgebung Sie mit Ihrem Ärger, Ihrer Ungeduld oder Ihrer mürrischen Haltung identifizierte? Wir denken eher: »Heute habe ich zwar schlechte Laune, aber eigentlich bin ich ein freundlicher Mensch.« Wer sind Sie denn dann an so einem Tag, an dem Sie schlecht gelaunt sind? Ist Ihr wahres Ich kurzzeitig untergetaucht und hat gleichsam einen Stellvertreter zurückgelassen?

Der Körper, die Gefühle, Stimmungen, inneren Haltungen und Meinungen werden von vielen Faktoren beeinflusst, vom Wetter beispielsweise oder von der jeweiligen persönlichen Tagesform. Sich damit zu identifizieren hieße, jeden Tag, im Grunde sogar jeden Moment, eine andere Person zu sein.

Die Lehre des Buddha macht uns aber noch auf einen anderen Aspekt aufmerksam: Wir belassen es im Allgemeinen nicht dabei, uns mit irgendetwas leichthin zu identifizieren. Sondern mit der Identifikation geht eine erhebliche emotionale Aufladung des entsprechenden Objekts einher, und es wird dadurch zu einer gewichtigen Angelegenheit. Wenn ich mich beispielsweise über meinen Beruf definiere, bricht meine Selbstachtung zusammen, wenn ich arbeitslos werde. Identifiziere ich mich stark mit meiner Familie, erlebe ich eine Scheidung als Zusammenbruch meiner Welt. Bin ich übermäßig auf meinen Körper fixiert, hadere ich mit dem Älterwerden und unternehme alles, um es herauszuzögern.

Im Buddhismus nehmen wir all das genau unter die Lupe, womit wir uns normalerweise identifizieren. Das geschieht durch Nachdenken (»Bin ich mein Kopf, mein Arm, mein kleiner Finger ...?«) und in besonderen Meditationsphasen, in denen man beispielsweise untersucht, ob man sich mit körperlichen Eindrücken, wie dem Temperaturempfinden oder dem Drang zur Bewegung, identifiziert.

Dabei stellen wir fest, dass nichts von dem, womit wir uns gemeinhin identifizieren – die äußeren Objekte genauso wenig wie die inneren Dinge, also Körper, Gefühle, Gedanken – von Bestand ist und alles seinerseits wieder von anderen Dingen abhängt. Aber einen Kern in uns muss es doch geben, der immer gleich bleibt, mein Ich!, mögen wir hier vielleicht einwenden. So sehr wir aber auch danach suchen, in uns ist nichts zu finden, was eindeutig als unabhängiges, beständiges Ganzes definiert und als »Ich« bezeichnet werden könnte. Diese Einsicht kann erschreckend sein. Wir meinen, den Halt zu verlieren. Aber komischerweise leben wir auch nach dieser Erkenntnis weiter. Das Leben scheint also auch ohne ein Ich zu funktionieren und nach der Lehre des Buddha bietet es sogar mehr Glück und Erfüllung.

Auch ohne ein Ich geht das Leben also weiter. Was erlebt man dann und wodurch werden Erfahrungen verursacht? Gemäß der Lehre über die Buddha-Natur kommt nun das zur Entfaltung, was ohnehin immer da war, aber durch die Fixierung auf das Ich nicht erkannt worden war: leuchtendklare Manifestationen der letztendlichen Bewusstheit im unermesslichen Raum und ekstatisches Berührt-Sein. Das ist unser wahres Wesen, daraus sind wir gewissermaßen gemacht.

Aber anstatt unsere Verbindung zu den Qualitäten der Buddha-Natur wertzuschätzen, identifizieren wir uns mit deren verzerrten, verhüllten und verwässerten Abbildern, die wir Körper, Gedanken, Gefühle und Ich nennen. Wir identifizieren uns also gemeinhin mit dem, was keinen Bestand hat und uns niemals wirklich befriedigen kann. Und wir verleugnen und ignorieren unser wirkliches Sein, das von Buddha-Qualitäten durchdrungen ist.

In der kommenden Woche untersuchen wir also, womit wir uns normalerweise identifizieren. Sobald wir dies übermäßig mit vergänglichen Dingen tun, führt das unweigerlich zu Frustration, wie die Lehre besagt. Sich bewusst zu werden, dass wir uns letztlich auf nichts stützen können, kann zwar erschreckend sein, hilft aber auch, sich nicht verzweifelt an etwas zu klammern, was einfach keinen Halt bieten kann. Je weniger wir uns irgendwo festklammern, desto beweglicher werden wir. Das macht es uns auch im Alltag leichter, gelegentlich über unseren Schatten zu springen und ganz neue Dinge im Leben zu entdecken.

Zum Nachdenken

Nehmen Sie Ihr Notizbuch zur Hand und schreiben Sie fünf Punkte auf, die Sie definieren können. Beispielsweise: Ich bin eine Frau / ein Mann. Ich bin von Beruf .... Ich bin Mutter / Vater. Ich bin reich / arm. Ich bin freundlich / großzügig / geduldig / intelligent. Sie können natürlich auch andere Anhaltspunkte wählen.

Denken Sie darüber nach, ob Sie sich in den letzten Jahren verändert haben Wie könnten Sie diese Veränderung beschreiben? Wie waren Sie also früher und wie sind Sie jetzt? Schreiben Sie ein paar Sätze dazu auf:

Früher war ich ...., jetzt bin ich ....

Bis zu einem gewissen Grad definieren sich wohl die meisten Menschen über Ihren Körper. Stellen Sie sich einmal vor, Ihnen wäre nach einem Unfall ein Bein oder ein Arm amputiert worden. Sie haben also einen Teil Ihres Körpers verloren. Ihr Körper hat sich also verändert. Sind Sie dadurch auch eine andere Person geworden? Wenn ja, was ist mit der früheren Person passiert?

Identifizieren Sie sich eher mit Ihrem Gesicht oder Ihrer Figur? Wer einige Kilos abnimmt, fühlt sich »wie neugeboren«. Ist man dann auch ein anderer Mensch? Und was ist, wenn Sie sterben – wer sind Sie dann? Notieren Sie Ihre Gedanken und Einfälle.

Kreative Menschen identifizieren sich gerne mit ihren Produkten. Sind Sie das, was Sie geschaffen, geplant oder konstruiert haben – ein Gebäude, eine Straße, eine Grafik oder auch ein Kuchen. Was aber ist, wenn das Gebäude bei einem Erdbeben einstürzt, die Straße durch die Abnutzung durch Lastwagen uneben wird, niemand die Grafik beachtet und der Kuchen einfällt? Was würden Sie dabei empfinden?

Überlegen Sie einmal, wie sehr oder wie wenig Sie sich mit Ihrer Rolle als Mann oder als Frau identifizieren. Wie verhält sich normalerweise ein Mann, wie eine Frau? Wir wissen, dass sich dies im Laufe der Jahrhunderte verändert hat und zudem in jedem Kulturkreis anders ist. Aber noch immer ist dies ein höchst emotionales Thema. Veränderungen auf diesem Gebiet sind heikel.

Frauen, die am alten Rollenverständnis rütteln, werden als »Emanzen« beschimpft oder belächelt, Männer, die sich scheinbar nicht zeitgemäß verhalten, werden als »Machos« abgestempelt. Menschen, die der gesellschaftlichen Durchschnittsnorm nicht entsprechen, beispielsweise Homosexuelle und Lesben, werden mit Argwohn betrachtet.

Was ist für Sie typisch weiblich und typisch männlich? Wo verwischen sich die Grenzen? Welches Rollenverhalten einer Frau oder eines Mannes können Sie tolerieren, welches lehnen Sie ab?

Machen Sie sich ein paar Notizen zu diesem Thema.

Alles, womit wir uns gemeinhin identifizieren, ist unbeständig. Was bestimmt und bedingt unser Sein nun eigentlich? Nach buddhistischer Auffassung ist unser wahres Wesen grenzenlose Liebe, Mitgefühl, Weisheit, Großzügigkeit und vieles Wunderbare mehr.

Könnten Sie vielleicht jetzt die Vorstellung zulassen, dass ihr eigentliches Wesen grenzenlose Liebe und präzise Klarheit ist? Wenn Sie Widerstände gegen diesen Gedanken in sich spüren, denken Sie darüber nach, woran das liegen könnte.

Notieren Sie Ihre Gedanken.

Die meisten Menschen haben Ideale, die sie anstreben. Sie möchten beispielsweise dazu beitragen, dass es in unserer Welt gerechter, friedlicher und freudvoller zugeht. Sie möchten Bedürftigen helfen und zu allen Wesen freundlich sein. Welches Ideal haben Sie? Was ist in Ihrem Leben wirklich wichtig? Mit welchem Ideal könnten Sie sich am ehesten identifizieren? Wonach richten Sie Ihr Leben aus? Schreiben Sie Ihre Ideale auf, formulieren Sie sie!

Wirklich wichtig im Leben ist für mich ....

Mit folgendem Ideal kann ich mich identifizieren ....

Mit Situationen üben

Hilfe, ich werde nicht gesehen

Obwohl wir doch wissen, dass wir mehr als nur unser Körper sind, irritiert es uns, wenn unser Körper von anderen nicht wahrgenommen oder respektiert wird. Im Menschengewühl steigt Ihnen jemand auf die Zehen, rempelt Sie an oder drängelt sich vor. Diese Person scheint Sie nicht zu bemerken. Was empfinden Sie?

Achten Sie in den nächsten Tagen auf solche Momente und schreiben Sie Ihre Entdeckungen abends in Ihr Tagebuch.

Rollenspiele

Meist identifizieren wir uns auch mit bestimmten Rollen, die wir im Berufsleben, in der Familie oder im Freundeskreis einnehmen, wir sind zum Beispiel ein verantwortungsvoller Chef, eine zuverlässige Sekretärin, ein fürsorglicher Ehemann, eine liebende Mutter, ein freches Kind, Spaßvogel oder Kritiker. Manchmal haben wir allerdings keine Lust, unsere Rolle zu spielen. Was passiert dann? Vielleicht fragt man Sie: »Was ist denn heute bloß mit dir los? Du bist doch sonst nicht so?« Können Sie sich dem Druck Ihrer eigenen Erwartungen und dem Ihres Umfelds entziehen? Achten Sie auf solche Situationen. Was bemerken Sie?

Ähnliches gilt auch für die Rollen, die Ihre Mitmenschen spielen. Wie reagieren Sie, wenn jemand »aus der Rolle fällt« und auf einmal ganz anders als sonst ist?

Erwartungen

Erwartungen, seien es positive oder negative, funktionieren ähnlich wie die »Brillen«, die uns während der letzten Woche beschäftigt haben. Wir gehen nicht mehr unvoreingenommen an eine Situation heran. Problematisch hierbei sind vor allem überzogene, zu hohe Erwartungen. Das hört sich so an, als wäre ein bestimmtes Maß an Erwartung in Ordnung. Aber im Grunde führt jegliche Erwartung zu einer gewissen Blindheit für die Gesamtheit der Eindrücke. Wie die schon in der letzten Woche behandelte Einstellung führt auch die Erwartung dazu, dass wir voreingenommen sind und nur einen Ausschnitt der möglichen Eindrücke und Ereignisse zulassen.

Versuchen Sie einmal, Ihre Erwartungen wahrzunehmen – vor dem nächsten Kinobesuch, vor dem nächsten Arzttermin oder bevor Sie sich mit Ihren Freunden treffen.

Versuchen Sie sich auch für Unerwartetes zu öffnen. Lassen Sie die Dinge einfach mal auf sich zukommen. Spüren Sie vielleicht, dass Widerstände in Ihnen auftauchen? Was erleben Sie dabei?

Im Rausch der Gefühle

Mit starken Emotionen identifizieren wir uns besonders gern. Dadurch fühlen wir uns lebendig, zum Beispiel wenn wir uns überschwänglich freuen. Jemand überbringt uns eine schlechte Nachricht und verdirbt uns damit die Freude. Wir könnten ihn auf der Stelle erwürgen. Achten Sie in den nächsten Tagen auf solche Situationen.

Wenn wir sehr wütend oder empört, voll »in Fahrt« sind, Feuer speien und Dampf ablassen, fühlen wir uns auch irgendwie gut damit. Wir fühlen uns im Recht, sind aktiv und stehen im Zentrum aller Aufmerksamkeit. Wehe, jemand versucht, uns die Nichtigkeit der Ursache unserer Wut klarzumachen. Welch Unverschämtheit! Dieser Mensch wird unseren Ärger schon noch zu spüren kriegen. Gebärden Sie sich manchmal auch wie eine Furie?

Meinungen und Haltungen

Schon mehrfach haben wir über Meinungen und Haltungen gesprochen. An dieser Stelle soll das Augenmerk besonders darauf liegen, wie stark wir uns damit identifizieren und entsprechend emotional reagieren.

Achten Sie bei Ihrem nächsten Gespräch darauf, wie sehr (oder wie wenig) Sie sich mit Ihren Meinungen identifizieren. Was ist mit Personen, die eine andere Meinung vertreten? Können Sie diese anderen Anschauungen ein Stück weit nachvollziehen oder halten Sie diese Menschen für unwissend oder schlichtweg für dumm?

Notieren Sie Ihre Eindrücke abends in Ihr Notizbuch.

Zusammenfassung nach der zehnten Woche

Ist Ihnen deutlicher geworden, womit Sie sich identifizieren? Schreiben Sie in Ihr Tagebuch:

Ich identifiziere mich vor allem mit / über ....

Können Sie sehen, dass die meisten Dinge, mit denen Sie sich identifizieren, unbeständig sind und deshalb langfristig nur Frustration erzeugen?

Können Sie annehmen, dass es Ihnen angeborene, innere Werte gibt, mit denen Sie sich identifizieren können?

Können Sie sich vorstellen, sich mit solchen von Natur aus existierenden positiven Qualitäten zu identifizieren?

Bitte schreiben Sie auf, was Ihnen dazu einfällt.

11. Woche

Absurdes Theater

Hintergrund

Das, was Erwartungen, Rollen und Logik nicht erfüllt, nennen wir absurd, abwegig, unsinnig oder unvernünftig. Absurde Situationen gibt es nicht nur im Film und im Fernsehen, sondern am Arbeitsplatz, zu Hause und in der Politik.

Die Straße vor Ihrem Haus wurde letzte Woche frisch geteert, heute wird sie mit Presslufthämmern wieder aufgerissen, weil ein neues Kabel verlegt werden muss. Solche Vorgehensweisen, die an Schildbürgerstreiche erinnern, kennt wohl jeder.

Auch an Ihrem Arbeitsplatz gibt es sicherlich Sinnloses und Absurdes, zum Beispiel werden von der Geschäftsleitung neue Strukturen oder Vorschriften eingeführt und als fortschrittlich und innovativ verkauft, obwohl sie schon vor Jahren abgeschafft wurden, weil sie unsinnig und umständlich waren. Oder es wird ein neues Computerprogramm installiert, das die Arbeit komplizierter macht, anstatt sie zu erleichtern.

Weisen Sie auf solche Probleme hin. Schreiben Sie ruhig einen Brief an die Stadtverwaltung und prangern Sie die Verschwendung von Steuergeldern an. Bringen Sie Ihren Vorgesetzten gegenüber zum Ausdruck, wie überflüssig das vermeintlich Neue und Wunderbare ist.

Aber oft genug fruchtet das alles nicht, und es bleibt uns nichts anderes übrig, als mit der Absurdität zu leben. Man weiß nicht, ob man lachen oder weinen, den Kopf schütteln oder die Hände über ihm zusammenschlagen soll. Aber wir kommen in der Situation nicht weiter, wenn wir wütend oder beleidigend sind. Da hilft eigentlich nur Humor und ein Achselzucken.

Das Absurde erschreckt oder verärgert uns, es wirft uns aus der Bahn, weil unsere Erwartungen nicht erfüllt werden. Es macht uns hilflos, weil die normale Logik hier nicht greift. Vom buddhistischen Standpunkt aus sind solche Situationen eine Chance. Wir müssen aufgeben, weil wir nichts mehr beeinflussen können. Wir lassen los. Wir müssen uns von unserer Vorstellung trennen, dass wir alles unter Kontrolle haben. Aber dadurch kann Neues entstehen, und wenn es nur darin besteht, über die Absurdität zu lachen. Das kann sehr befreiend sein.

Die größte Absurdität aber liegt in uns selbst: Wir sind im Prinzip Buddhas, erkennen dies aber nicht. Wir verfügen über einen unendlichen Reichtum an positiven Qualitäten und Fähigkeiten, diese zu verwirklichen. Und trotzdem jammern wir, weil wir glauben, nur ein paar wertlose Münzen in der Hand zu halten.

Wir sind wie Kinder, die Räuber und Gendarm spielen, dann aber nicht mehr aus ihren Rollen herausfinden und darin stecken bleiben. Wir führen ein Theaterstück auf und sind der Überzeugung, dass es Wirklichkeit ist. Es ist so, als wären Schauspieler nach den Dreharbeiten überzeugt davon, dass die Rolle, die sie gerade gespielt haben, mit Ihrem Leben identisch sei. Wir verwechseln Schein und Wirklichkeit. Aus dieser Täuschung will uns der Buddha herausführen.

In der kommenden Woche richten wir unser Augenmerk auf absurde Situationen. Das kann uns helfen, unser Leben nicht gar so ernst zu nehmen und in scheinbar ärgerlichen Situationen Humor aufzubringen. Vielleicht ist die Welt weniger logisch und vernünftig, als wir immer glauben. In der Absurdität liegt eine Chance, Dinge einmal anders zu sehen. Das kann unser Leben bereichern.

Zum Nachdenken

Viele Lacherfolge bei Komödianten oder Kabarettisten beruhen auf einer unerwarteten oder abwegigen Wendung des Gesprächs- oder Handlungsverlaufs. Das macht uns stutzig, wirft uns für einen Moment aus der gewohnten Denkbahn und ruft eine Reaktion in uns hervor, und sei es nur ein Kopfschütteln oder ein Schmunzeln.

Wir bemerken etwas Neues und Nichterwartetes, etwas, das den normalen Mustern nicht entspricht. Das kann auf verschiedene Weise erlebt werden: als irritierend, ärgerlich oder als herzerfrischend komisch. Wie empfinden Sie Komödien oder Kabarett?

Haben Sie in letzter Zeit etwas erlebt, das man einfach als absurd bezeichnen muss?

Was war das? Was haben Sie empfunden? Wie sind Sie mit der Situation umgegangen?

Schreiben Sie eine Begebenheit, die Sie als absurd erlebt haben, in Ihr Notizbuch.

Glauben Sie daran, dass alles in der Welt nach logischen Gesetzen funktioniert, dass alles letztendlich einem sinnvollen Plan folgt? Wo scheint Ihrer Meinung nach Absurdität auf? Notieren Sie sich ein paar Gedanken in Ihr Buch.

Die Welt folgt meiner Meinung nach »einer« / keiner bestimmten Logik, nämlich ....

....

Absurdität gehört dazu / ist eine Art Unfall oder Ausnahme oder ....

....

Mit Situationen üben

Direkt vor der Nase

Sie suchen im ganzen Haus nach Ihrem Schlüssel, nach der Schere oder dem Handy. Langsam werden Sie ärgerlich, beschuldigen in Gedanken eine andere Person. (»Bestimmt hat er / sie den Schlüssel verlegt.«) Plötzlich bemerken Sie, dass der Schlüssel oder ein anderer Gegenstand die ganze Zeit schon gut sichtbar auf dem Tisch gelegen hat. Sie haben ihn einfach nicht wahrgenommen. Reagieren Sie erleichtert, peinlich berührt oder können Sie darüber lachen?

Der falsche Schrank

Sie möchten Geschirr in die Spülmaschine räumen und öffnen stattdessen den Kühlschrank. Sie sind schon dabei, die Teller in das Fach zu schieben. Plötzlich bemerken Sie es. Wie reagieren Sie? Achten Sie in den nächsten Tagen auf ähnliche Situationen.

Brillen-Spiel

Auch mit Brillen kann man allerlei Absurdes erleben. Die meisten Brillenträger kennen die Situation, dass sie ihre Brille suchen, während sie die ganze Zeit auf der Nase sitzt oder am Brillenband um den Hals hängt. Eine andere Variante könnte in der Tiefgarage stattfinden: Ich wundere mich darüber, dass es in der Tiefgarage so dunkel ist. Das Licht am Auto habe ich doch angemacht: Ist vielleicht der Scheinwerfer kaputt? Nein, ich habe nur meine Sonnenbrille nicht abgenommen. Kennen Sie vielleicht ähnliche Situationen? Beobachten Sie sich und andere in den nächsten Tagen.

Dinge fallen aus dem Zusammenhang

Wir erleben Dinge in ihrem Zusammenhang. Eine Wanduhr hängt normalerweise gut sichtbar an der Wand. Wenn man umzieht oder renoviert, kann es sein, dass die Uhr irgendwo in der Ecke an einer Kiste lehnt. Sie tickt und zeigt auch die richtige Zeit an, ist allerdings von anderen Sachen halb verdeckt. Ist dieses etwas befremdlich wirkende Ding da in der Ecke wirklich eine Uhr? Dann müsste sie doch gut sichtbar an der Wand hängen, so dass man auf ihr die Zeit ablesen kann! Das gehört sich doch für eine Uhr! Achten Sie in den nächsten Tagen darauf, wie Sie reagieren, wenn Sie Dinge sehen, die aus ihren vertrauten Zusammenhängen genommen sind.

Desorientierung

In jeder Situation zu wissen, wo wir uns befinden, gibt uns Sicherheit. Nun kann es sein, dass Sie sich auf Ihrer täglichen Strecke zur Arbeit mit dem Zug oder der Straßenbahn ganz in ein Buch vertiefen. Die Bahn bleibt stehen und für einen kurzen Augenblick wissen Sie nicht, wo Sie sind. Sie haben die Orientierung verloren. Vielleicht denken Sie für einen kurzen Moment ganz panisch: »Bin ich vielleicht zu weit gefahren?« Plötzlich erkennen Sie, wo Sie sind, und beruhigen sich wieder. Ähnliches kann man auch beim Autofahren erleben: Mit einem Mal wissen Sie nicht mehr, wohin Sie eigentlich fahren wollten.

Das Ganze mag nur ein paar Sekunden dauern, aber der Moment der Desorientiertheit ist genau zu spüren. Achten Sie in den nächsten Tagen auf solche Situationen. Wie erleben Sie diese Momente: Sind Sie erschreckt oder vielleicht amüsiert, möglicherweise aber auch verunsichert?

Schreiben Sie Ihre Entdeckungen in Ihr Notizbuch.

Lachen ist gesund

Wir sprachen schon davon, dass Kabarettisten zum Lachen bringen, indem sie Ideen ins Absurde hinein fortführen. Aber wir alle haben diese Fähigkeit und wenden sie auch im Alltag an, beispielsweise wenn wir mit Freunden herumalbern. Wir lachen häufig über tatsächlich erlebte oder ausgedachte Situationen, die wir weiter fantasieren, bis sie lächerlich oder absurd sind. Achten Sie in den nächsten Tagen darauf, worüber Sie am meisten lachen müssen. Hat das mit Absurdität zu tun?

Zusammenfassung nach der elften Woche

Nehmen Sie mehr Absurdes in Ihrem Leben und in Ihrer Umgebung wahr?

Können Sie absurde Situationen als Chance betrachten, um zu lachen?

Können Sie Absurdes als Chance sehen, Dinge einmal anders zu erleben?

Machen Sie sich dazu Notizen in Ihr Tagebuch.

Absurde Situationen sind für mich ....

....

12. Woche

Der unendliche Raum

Hintergrund

In diesem Buch war des Öfteren vom Raum die Rede. Wir sprachen davon, dass wir uns selbst Zeit und Raum geben müssen, um genießen, fühlen und nachdenken zu können, zum Verdauen von Eindrücken und Erlebnissen, zum Ausprobieren von Neuem. Das Letztere vor allem hat mit »Spielraum« in einem buchstäblichen Sinne zu tun: Wir experimentieren und spielen damit, die gewohnten Bahnen gelegentlich zu verlassen und andere Denk- und Verhaltensweisen zu wagen. Mit Raum ist aber auch etwas ganz Grundlegendes gemeint, das mit unserem Wesen zu tun hat. In diesem Sinne wurde er schon erwähnt als unermesslich weiter Raum. Damit ist nicht allein das unendliche Weltall gemeint, sondern auch Raumhaftigkeit als eine Qualität, die allem Leben innewohnt, also letztlich auch unsere eigene Natur ist.

In dieser letzten Woche wollen wir uns an diese verschiedenen Aspekte von Raum ein wenig näher herantasten.

Jedes Lebewesen braucht Raum, um zu existieren. In manchen Ländern ist es aber ganz selbstverständlich, was für uns inzwischen nicht mehr akzeptabel ist: dass mehrere Menschen sich ein Zimmer teilen oder sogar die ganze Familie in einem einzigen großen Raum lebt. Im Allgemeinen ist uns die Wohnung als ein Ort wichtig, an dem wir uns erholen und wohlfühlen wollen. Was Größe, Ausstattung und Gestaltung des Wohnraums angeht, haben Menschen recht unterschiedliche Bedürfnisse. Manche stopfen ihn mit allerlei Kleinkram voll, andere lieben fast leere Räume mit klaren Linien. Hier kommt ein unterschiedliches Raumempfinden zum Tragen.

Wir sind aber noch von anderen Räumen umgeben. Das ist die Luft um uns herum, die Landschaft, der Himmel, das Weltall. Das unendliche Weltall umgibt uns, und wir selbst sind nur winzige Pünktchen darin. Auch in unserem Körper ist Raum. Aus der Physik wissen wir, dass Atome zum Großteil aus leerem Raum bestehen. Würde man den Raum aus den Atomen gleichsam herausnehmen, bliebe von uns nur wenig feste Materie übrig.

Wir sind auch auf der Gefühlsebene mit dem Raum verbunden: Manche Menschen haben Angst vor großen, leeren Plätzen und schätzen kleine, behagliche Räume. Andere genießen weite Aussichten, ein Panorama von einem hohen Berggipfel aus oder endlos scheinende Steppen- oder Wüstenlandschaften.

Jeder Mensch nimmt selbst einen bestimmten Raum ein, nicht nur rein körperlich, sondern auch durch sein Auftreten und seine Ausstrahlung. Es gibt Menschen, die lassen anderen keinen Raum zu reden, weil sie selbst pausenlos sprechen, keinen Raum zu atmen, weil sie sich selbst so wichtig nehmen, keinen Raum zu wachsen, weil sie darauf angewiesen sind, dass andere sich nicht ändern.

Auch zeitliche Räume können uns beschäftigen: Häufig reicht die Zeit nicht, um alles zu erledigen, was wir uns vorgenommen haben. Hier fühlen wir uns besonders leicht »eingeengt« oder gar »eingezwängt«. Diese Ausdrücke haben mit Raum, genauer mit einem Mangel an Raum zu tun.

Weiterhin gibt es gedankliche Räume. Das Denken kann in schon bestehenden Gedankenräumen oder -gebäuden stattfinden oder sich in noch unerforschte Regionen vorwagen. Das Denken kann engstirnig oder kurzsichtig sein oder aber weitblickend und umfassend. Wiederum drücken auch diese Formulierungen den Bezug zum Raum aus.

Viele Menschen fühlen sich von ihren Verpflichtungen belastet, bedrückt und von Zwängen eingeschlossen. In diesem Buch war schon des Öfteren davon die Rede, dass wir uns selbst einschränken und begrenzen. Unser Raum, unser Freiraum und seine Grenzen beschäftigen uns sehr.

Raum ist also sowohl in uns als auch um uns herum. Die Gewaltigkeit der unendlichen Dimension des Raumes kann uns vielleicht Angst machen, andererseits kann sie uns aber auch befreien, denn wir fühlen uns durch vielerlei Dinge belastet, bedrückt und eingezwängt.

Aus buddhistischer Sicht ist die Beschäftigung mit dem Raum sehr wichtig. Starre Definitionen, unveränderliche Bezugsrahmen, festgefügte Haltungen und Meinungen, Engstirnigkeit: All das ist mit dem nach Sicherheit und Beständigkeit trachtenden Ich verknüpft und verursacht auf kurz oder lang Vorurteile, Ärger, Frustration und Streit – also Leiden. Es ist das genaue Gegenteil von Offenheit oder Raumhaftigkeit. Deshalb ist es so wichtig zu lernen, wie wir mehr Raum und Durchlässigkeit zulassen können.

Wir wollen in der letzten Woche damit beginnen, unser alltägliches Raumgefühl wahrzunehmen. Dieses steht im Zusammenhang mit grenzenlosem Raum. Beides basiert auf der gleichen Qualität von Raumhaftigkeit und Offenheit. Und diese gehört, wie bereits erklärt, zu unserem eigentlichen Wesen. Wir sprachen schon am Anfang dieses Buches davon, dass die Aufmerksamkeit mit dem Raum verknüpft werden muss, um sie nicht einzuengen. Aufmerksamkeit oder Bewusstheit und Raumhaftigkeit oder Offenheit gehören untrennbar zusammen. Der buddhistische Pfad möchte anleiten, wie wir uns mehr und mehr für diese Qualitäten öffnen können.

Genauer hinzusehen und zu untersuchen, was Raum in diesem umfassenden Sinn für Sie bedeutet und wie Sie damit umgehen, ist auf jeden Fall interessant und lohnenswert. Sich mehr Raum und Zeit zuzugestehen, mindert den Stress, unter dem wir alle so oft stehen. Wenn Sie sich dessen bewusster werden, können

Sie vielleicht Mut fassen, sich selbst mehr Raum zu geben und vielleicht auch selbst mehr Raum in Anspruch zu nehmen. Das bringt Ihrem Alltag neue Impulse.

Zum Nachdenken

Überlegen Sie in Ruhe, wie viel Platz Sie brauchen.

Denken Sie zunächst über Ihre Wohnverhältnisse nach. Brauchen Sie ein eigenes Zimmer, um sich wohl zu fühlen? Wie groß sollte das sein? Wäre es kein Problem für Sie, sich mit einer anderen Person ein Zimmer zu teilen? Brauchen Sie dann irgendwo anders in der Wohnung oder im Haus einen eigenen Bereich? Wie viele Quadratmeter muss Ihre Wohnung oder Ihr Haus haben, damit Sie das Gefühl haben, es ist groß genug?

Notieren Sie Ihre Antworten in Ihr Notizbuch.

Wie viel Platz haben Sie an Ihrer Arbeitsstelle? Reicht Ihnen das oder fühlen Sie sich eingeengt? Überlegen Sie nun, wie viel Platz Sie um sich herum brauchen, wenn Sie einkaufen. Wann empfinden Sie Supermärkte oder Kaufhäuser als »zu voll«? Was empfinden Sie dabei? Werden Sie müde oder aggressiv? Wann empfinden Sie einen Supermarkt als »leer«? Welches Gefühl löst das bei Ihnen aus?

Schreiben Sie Ihre Gedanken dazu auf.

Als Nächstes überlegen Sie bitte, welchen räumlichen Abstand von anderen, Ihnen nicht bekannten Menschen Sie als angemessen empfinden: am Strand, an der Bushaltestelle, in einem Café, auf der Straße? Etwas mehr oder weniger als einen Meter vielleicht?

Was passiert, wenn es nicht möglich ist, diesen Abstand einzuhalten, zum Beispiel in einem vollen Aufzug oder in einem voll besetzten Bus? Wie ergeht es Ihnen dabei? Fühlen Sie sich vielleicht bedrängt oder haben Sie Platzangst?

Wie empfinden Sie Raum? Mögen Sie Weite am Meeresstrand, oder löst das zum Beispiel ein Gefühl von Einsamkeit oder Verlorensein aus? Fühlen Sie sich in einem Tal wohler, das von Hügeln und Bergen umsäumt ist? Welche Landschaften mögen Sie?

Denken Sie nun über Ihr eigenes Verhalten nach. Wie viel oder wie wenig Raum nehmen Sie sich selbst – auf einer Bank, in einer Menschenmenge, beim Einkaufen, an Ihrem Arbeitsplatz? Sind Ihre Arme beim Gehen an den Oberkörper gepresst oder locker schwingend? Ist Ihre Gestik lebhaft oder bleiben Ihre Hände ganz ruhig? Ist Ihr Blick eher auf den Boden oder geradeaus gerichtet, so dass Sie Ihre Umgebung mit Ihren Blicken ausmessen können? Wie groß ist Ihr Blickfeld beim Gehen?

Wie viel Raum nehmen Sie sich in einem Gespräch mit Ihrem Partner oder Ihrer Partnerin, mit Freundinnen, mit Kollegen? Füllen Sie alles aus mit Ihren Themen und Gedanken oder hören Sie nur zu?

Schreiben Sie Ihre Entdeckungen auf.

Überlegen Sie nun möglichst sachlich und neutral: Gibt es in Ihrem Leben Menschen, die Ihnen zu wenig oder gar keinen Raum lassen? Kann es sein, dass Sie selbst anderen zu wenig Raum lassen?
Notieren Sie Ihre Einfälle.

Ich empfinde, dass .... mir zu wenig Raum lässt.

Es könnte sein, dass ich .... zu wenig Raum lasse.

Vom Spielraum war schon zu Beginn dieser Woche die Rede gewesen. Das soll ein Bereich in unserem Leben sein, in dem wir auch einmal etwas Neues ausprobieren können, sei es beim Sport oder auf künstlerischen Gebieten, das kann aber auch ein neuer Kleidungsstil, ein neues Thema, mit dem wir uns beschäftigen, ein neues Hobby sein.

Wie groß ist der Spielraum, den Sie sich für neue Dinge gönnen? Was würden Sie gerne mal erkunden oder ausprobieren?

Mit Situationen üben

Jemand rückt Ihnen auf die Pelle

Jemand beugt sich zu nahe zu Ihnen herüber oder blickt Ihnen zu lange direkt in die Augen. Jemand lässt Sie nicht zu Wort kommen. Fühlen Sie sich bedrängt? Werden Sie nervös oder ärgerlich? Was tun Sie, um Abhilfe zu schaffen? Achten Sie in den nächsten Tagen auf Situationen, in denen Sie nicht genügend Raum haben. Wie fühlen Sie sich dabei und wie reagieren Sie?

Schreiben Sie Ihre Entdeckungen auf.

Bewegung durch den Raum

Achten Sie darauf, wie Sie und andere sich in unserer Umwelt bewegen. Welches Raumempfinden haben Sie beim Gehen, beim Joggen, beim Tanzen, beim Fahrrad- oder Autofahren? Was genießen Sie besonders? Achten Sie morgen vielleicht vor allem darauf, wie sich Ihre Bewegungen, mit denen Sie den Raum durchmessen, anfühlen? Beobachten Sie gerne Hunde oder Pferde, die schnell über die Wiese laufen? Sind Sie fasziniert von Fallschirmspringern, Drachenfliegern oder Skispringern? Sie alle bewegen sich durch den Raum. Was empfinden Sie dabei?

Achten Sie in den nächsten Tagen auf solche Situationen.

Wir sehen Vögel und Flugzeuge, die sich durch den Raum bewegen. Besonders bei der Beobachtung von Flugzeugen können Sie deren Bewegungen mit den Augen verfolgen, und vielleicht mögen Sie denken: »Dieses Flugzeug fliegt weiter, als ich sehen kann. Der Raum muss also viel größer sein als mein Blickfeld.« (Das wissen Sie natürlich vom Verstand her, aber Sie erleben im Moment nur den Raum, der vor Ihnen ist.) Probieren Sie diese Übung aus und notieren Sie, was Sie dabei entdeckt haben.

Die Tür öffnen

Sie können üben, mehr Raum in Ihr Leben zu lassen: Wenn Sie durch eine Tür treten, denken Sie: »Ich betrete einen neuen Raum, in dem neue Begegnungen und Erkenntnisse stattfinden können. Ich öffne mich dafür.«

Probieren Sie das in den nächsten Tagen aus. Wie ergeht es Ihnen dabei? Machen Sie sich dazu Notizen.

In den Himmel schauen

Können Sie von Ihrem Fenster aus den Himmel sehen? Schauen Sie ihn immer mal wieder an und lassen Sie ihn auf sich wirken: blauer Himmel, vorbeiziehende Wolken, graue tiefe Wolken, Regen, Schnee. Lassen Sie sich von der Tiefe des Himmels einladen!

Betrachten Sie den Himmel in einer mondlosen Nacht. Lassen Sie den Anblick der unglaublich vielen Sterne auf sich wirken.

Die gute Aussicht

Vielleicht unternehmen Sie einen Ausflug zu einem Hügel oder Berg in Ihrer näheren Umgebung. Bleiben Sie oben einen Moment lang stehen und spüren Sie die Weite um sich herum. Atmen Sie in diese Weite hinein.

Zusammenfassung nach der zwölften Woche

Ist Ihnen Ihre Einstellung zum Raum und Ihr räumliches Verhalten deutlicher geworden?

Haben Sie gespürt, dass Raum eine emotionale Qualität für Sie haben kann?

Fühlen Sie sich ermutigt, sich in einem Ihrer Lebensbereiche mehr Raum zuzugestehen?

Notieren Sie in Ihr Buch:

Ich empfinde Raum als ....

Ich möchte mir in Bezug auf .... *mehr Raum zugestehen.*

Teil 3

Ausblick

Wie kann es weitergehen?

Im Idealfall haben Sie sich nun mindestens zwölf Wochen lang mit einigen Grundprinzipien der Lehre des Buddha beschäftigt. Sie haben möglicherweise einige der beschriebenen Übungen gemacht oder selbst welche kreiert, die für Sie geeignet sind.

Sie haben bei diesen Übungen gelernt, aufmerksamer und offener zu sein: für Ihre Sinneseindrücke, Ihre Gefühle und Gedanken. Sie haben auch geübt, Ihre Umgebung und Ihre Mitmenschen bewusster wahrzunehmen. Im Grunde sind Sie damit einem Ansatz gefolgt, den der tibetische Meister Chögyam Trungpa Rinpoche sinngemäß so ausdrückte:

Wenden Sie sich den Dingen zu, wenden Sie sich nicht von den Dingen ab!

Die Anweisung bedeutet: Allem, was geschieht, sei es in unserem Denken und Fühlen oder in der Welt, blicken wir ins Auge. Wir laufen vor nichts davon, wir greifen nach nichts. Wir manipulieren nichts. Wir gehen möglichst ohne Vorurteile an alles heran.

Denn nur, wenn wir unvoreingenommen und offen sind, können wir die Welt als Gesamtheit unserer Erfahrungen wirklich erleben und entdecken, was sie uns an Erkenntnis, Wahrheit und Wirklichkeit geben kann. Das Erkennen dieser Wirklichkeit ist gleichbedeutend mit Erwachen oder Erleuchtung.

Wacher und aufmerksamer zu sein ist auch im Allgemeinen erstrebenswert. Unsere gewöhnliche Tendenz ist es, uns entweder von Situationen abzuwenden, wenn sie uns nicht gefallen, oder nach ihnen zu greifen, wenn sie uns Angenehmes versprechen. Im Laufe unseres Lebens haben wir Gewohnheiten und Einstellungen angenommen und glauben, sie böten uns Sicherheit im Chaos des Universums. In Wirklichkeit handelt es sich aber nur um eine

Scheinsicherheit, die uns in alten Mustern gefangen hält. Das Ziel des Buddhismus ist es, alle Menschen aus dieser Gefangenschaft zu befreien und ihnen zu helfen, ihr volles Potential zu entfalten.

Eine offene und vorurteilsfreie Haltung einzunehmen ist nicht leicht. Wir müssen daran arbeiten – allerdings nicht mit zusammengebissenen Zähnen, sondern mit Feingefühl und Aufmerksamkeit. Dieses Buch mag eine Hilfestellung sein, sich in diese Richtung zu bewegen.

Allerdings haben wir im Alltag meistens nicht genug Zeit und Spielraum, um die Dinge auf uns wirken zu lassen. In vielen Situationen, sei es in der Familie, mit Freundinnen und Freunden oder am Arbeitsplatz müssen wir schnell und effektiv reagieren. Und dies tun wir dann, indem wir uns auf den eingefahrenen Gleisen bewegen, das heißt, wir wenden unsere alten Muster an. Uns selbst Zeit und Spielraum zu geben, um neue Muster auszuprobieren – dafür ist die Meditation da.

Was ist Meditation?

Das Einüben einer grundlegend anderen Einstellung kann nur zu besonderen Zeiten und in einem geschützten Rahmen erfolgen. Dazu dient die Meditation.

Meditation bedeutet nicht »nichts denken« oder »heilig sein«, sondern sich selbst die Gelegenheit zu schenken, sich in einer geschützten Atmosphäre auf ungewohnte Dinge auszurichten und neue Einstellungen auszuprobieren.

Dabei können wir viel über unsere eigenen Gewohnheiten, Vorlieben und Abneigungen entdecken. Meditation bietet ein ausgezeichnetes Feld zu experimentieren.

Wer sich weiter mit der Lehre des Buddha beschäftigen möchte, sollte also unbedingt damit beginnen, in diesem Sinne zu meditieren. Aber tun Sie es nicht auf eigene Faust!

Man kann durchaus falsch meditieren und sich selbst und vielleicht auch anderen dadurch Probleme schaffen. Wenden Sie sich an Personen, die in einer buddhistischen Tradition stehen und offiziell autorisiert sind, Meditationsanleitungen zu geben. Es ist sinnvoll, sich an solche Menschen zu wenden, zu denen Sie regelmäßig Kontakt aufnehmen können, um über Ihre Meditationserfahrungen zu sprechen. Kommunikation ist ein wichtiger Bestandteil in diesem Prozess. Daher ist es auch am besten, wenn diese Person Ihre Muttersprache oder eine Ihnen geläufige Fremdsprache spricht. Inzwischen hat der Buddhismus in den westlichen Ländern schon einigermaßen Fuß gefasst, so dass es Ihnen möglich sein sollte, eine qualifizierte Lehrerin oder einen Lehrer zu finden, der Deutsch spricht. Wenn Sie sich zu Personen hingezogen fühlen, die kein Deutsch sprechen oder viel reisen, dann fragen Sie nach, welche anderen Personen autorisiert sind, Meditation zu lehren, und Sie regelmäßig betreuen können. Eine Betreuung, ein regelmäßiges Gespräch über die Meditation sind unbedingt nötig!

Unternehmen Sie keine Selbstversuche im stillen Kämmerlein! Suchen Sie Kontakt zu Gleichgesinnten, tauschen Sie sich mit anderen über Ihre Meditation aus. Und suchen Sie immer wieder das Gespräch mit Menschen, die in der Tradition, in der Sie üben wollen, Erfahrung haben und zum Lehren berechtigt sind.

Vielleicht haben diese Ausführungen Sie ja ermutigt, mit der Meditation zu beginnen.

Wer die Wahl hat, hat die Qual

In Deutschland, wie überall in den westlichen Ländern, haben wir die besondere Situation, dass es buddhistische Gruppierungen gibt, die aus den verschiedensten Ländern und Kulturen stammen. Wir finden buddhistische Traditionen aus Korea, Sri Lanka und Thailand, aus Japan und Tibet. Der Buddhismus hat sich in den rund zweieinhalb Jahrtausenden seines Bestehens weit verbreitet und sich an die jeweiligen kulturellen Gegebenheiten angepasst. Selbst die Kleidung der Mönche und Nonnen ist von Land zu Land anders, ebenso wie Rituale, Gebete und Meditationsformen. Viele Menschen erstaunt das, aber vielleicht erinnern Sie sich, dass es auch im Christentum durchaus unterschiedliche Ausformungen gibt.

Dennoch gibt es Grundsätzliches, das alle buddhistischen Richtungen verbindet. Sie haben alle das Ziel, dass jedes einzelne Wesen die Hindernisse zum Erwachen überwindet und Buddhaschaft, also Erwachen, erlangt.

Manche Menschen fühlen sich von vornherein zu einer bestimmten Richtung oder Tradition hingezogen. Manche finden die klaren Linien des japanischen Zen anziehend, andere fasziniert die bunte Bilderwelt im tibetischen Buddhismus.

Falls Sie selbst noch unentschlossen sind, sollten Sie die vielen Möglichkeiten nutzen, sich unverbindlich zu informieren und sich selbst einen Eindruck zu verschaffen. Sie könnten einführende Vorträge oder Kurse besuchen. Stellen Sie Fragen, suchen Sie das Gespräch mit anderen Kursteilnehmern. Beobachten Sie die Lehrer und Lehrerinnen ruhig kritisch – allerdings auch nicht überkritisch. Erwarten Sie keine Heiligen, die Wunder tun, doch Authentizität, Freundlichkeit im Umgang mit anderen, Toleranz gegenüber Andersdenkenden und Respekt sollten vorhanden sein. Ein fundiertes Wissen, sowohl in den theoretischen Grundlagen des Buddhismus als auch in der gelehrten Meditationstechnik, dürfen Sie voraussetzen.

Im Anhang finden Sie Adressen von Dachverbänden buddhistischer Gruppen in Deutschland, Österreich und der Schweiz. Dort können Sie sicher eine Gruppe finden, die in Ihrer Nähe ist, oder auch Hinweise auf Einführungsveranstaltungen.

Ich wünsche Ihnen viel Freude und viele Einsichten auf Ihrem Weg zum Erwachen.

Danksagung

Wie jedes Buch entstand auch dieses aus einer Unzahl von Wechselwirkungen und Einflüssen. Auf meinem bisherigen buddhistischen Weg traf ich viele wunderbare Menschen, die mir weitergeholfen haben. Zu etwas Lebendigem wurde die Lehre des Buddha für mich aber erst durch die Begegnung mit dem englischen Dzogchen-Lehrer Rigdzin Shikpo und die Betreuung durch ihn.

Alles, was ich in Bezug auf den Buddhismus zu sagen habe, kommt unmittelbar von Rigdzin Shikpo oder ist von seiner Inspiration durchdrungen. Er betont seinerseits, wie viel er von seinem eigenen wichtigsten Lehrer, dem großen tibetischen Meister Chögyam Trungpa Rinpoche, gelernt hat. So gebührt diesen beiden mein größter Dank!

Weiterhin möchte ich Freundinnen und Freunden danken, die an meine Kreativität geglaubt und diese unterstützt haben, insbesondere Nikla Eva, Ulla und Hans-Ruedi, Ruth, Silvia, Rolf und Burkhard. Außerdem möchte ich meiner Familie für finanzielle und praktische Hilfestellung danken sowie meiner Tochter Julia für ihre ansteckende Fröhlichkeit, ihre Geduld und ihre liebevolle Unterstützung.

Möge das, was ich Ihnen über die Lehre des Buddha mitteilen kann, inspirierend und hilfreich sein.

Mögen sich Fehler, die von mir stammen, nicht hinderlich oder störend auswirken.

Leseempfehlungen

Chögyam Trungpa Rinpoche, *Der Mythos Freiheit und der Weg der Meditation.* Theseus, Berlin, 3. Auflage 1996

Ders., *Das Buch vom meditativen Leben.* Barth, München 1989

Ders., *Spirituellen Materialismus durchschneiden.* Theseus, Küsnach 1989

Ders., *Weltliche Erleuchtung. Die Weisheit Tibets für den Westen.* Arbor, Freiamt 2002

Francesca Fremantle und Chögyam Trungpa (Hrsg.), *Das Totenbuch der Tibeter.* Eugen Diederichs Verlag, München 1976

Rigdzin Shikpo, *Meditation und Achtsamkeit. Schlüssel zu innerem Vertrauen.* Theseus, Berlin 1999

Ders., *Formlose Meditation und der Prozess des Sterbens.* Buddhistische Gemeinschaft Longchen e.V., 2. Auflage 2005

Irmentraud Schlaffer, *Das Herz erwecken. Zwölf Schritte zu einem mitfühlenden Leben.* Theseus, Berlin 2006

Kontaktadressen

Die Autorin lehrt und lernt in der von Rigdzin Shikpo geleiteten Tradition der Longchen Foundation, die in Deutschland durch die Buddhistische Gemeinschaft Longchen e.V. vertreten ist.
Informationen über Seminare der Autorin: www.i-schlaffer.de

Informationen zur Buddhistischen Gemeinschaft Longchen e.V.:
Buddhistische Gemeinschaft Longchen e.V.
c/o Regine Simovics
Am Alten Kirchweg 5
53639 Königswinter
Telefon: 0 22 23/2 31 85
E-Mail: regsim@gmx.de
Internet: www.longchen.de

Einen guten Überblick über buddhistische Gruppen verschiedenster Traditionen erhalten Sie bei den Dachverbänden. Dort gibt es auch nach Postleitzahlen geordnete Verzeichnisse, so dass Sie leicht eine Gruppe in der Nähe Ihres Wohnortes finden können.

In Deutschland:
Deutsche Buddhistische Union
Geschäftsstelle
Amalienstr. 71
80799 München
Tel.: 089 / 28 01 04
www.dharma.de

In Österreich:
Österreichische Buddhistische Religionsgesellschaft
Fleischmarkt 16
A-1010 Wien
Tel. und Fax: 43 / 1 / 512 37 19
www.buddhismus-austria.org

In der Schweiz:
Schweizerische Buddhistische Union
www.sbu.net

Weiterhin gibt es die buddhistischen Zeitschriften »Buddhismus aktuell« und »Ursache & Wirkung«, die Themen aus den Perspektiven verschiedener buddhistischer Richtungen behandeln. Auch finden sich darin Veranstaltungshinweise und Adressen von Gruppen und Seminarhäusern.

Über die Autorin

Irmentraud Schlaffer, 1957 geboren, unternahm nach dem Abitur längere Reisen ins Ausland, u. a. nach Nord- und Südamerika und durch Asien. Auf Sri Lanka nahm sie zum ersten Mal an einem buddhistischen Meditationskurs teil und fand damit ihren spirituellen Weg. Zurück in Deutschland übte sie einige Zeit unter Anleitung von Mönchen aus der Theravada-Tradition, fasste dann aber in der tibetischen Karma-Kagyü-Tradition Fuß. Um die buddhistischen Schriften im Original lesen zu können, studierte sie neben Vergleichender Religionswissenschaft auch Pali, Sanskrit und Tibetisch. Später nahm sie an einem fünfjährigen Studienprogramm der buddhistischen Philosophie in der Karma-Kagyü-Tradition teil. Während der ganzen Zeit übte sie entsprechende Meditationsformen und versuchte stets, die Lehre des Buddha von innen heraus, aus ihrer eigenen Erfahrung zu verstehen.

Nach dem Abschluss ihres Studiums gab sie Tibetisch-Kurse, übersetzte mehrere buddhistische Bücher aus dem Englischen und hielt Vorträge zu buddhistischen Themen.

1991 kam sie mit den Lehren der Longchen Foundation in Berührung und ist seit 1993 Schülerin und Übersetzerin des englischen Dzogchen-Lehrers Rigdzin Shikpo. Von ihm wurde sie zur Lehrerin in seiner Tradition ernannt.

Irmentraud Schlaffer leitet Seminare über Meditation und buddhistische Themen und ist als Autorin und Übersetzerin tätig. Ihr Schwerpunkt ist die praktische Anwendung der buddhistischen Lehre im Alltag.